RAPHAEL'S AST

Ephemeris of the

for 20

A Complete A

Mean Obliquity of the Ecliptic, 2022, 23°26′15″

INTRODUCTION

Greenwich Mean Time (GMT) has been used as the basis for all tabulations and times. The tabular data are for 12h GMT except for the additional Moon tabulations (headed 24h). All phenomena and aspect times are now in GMT (to obtain Local Mean Time of aspect, add / subtract the time equivalent of the longitude E / W respectively). The zodiacal sign ingresses are integrated with the Aspectarian as well as in a separate table (inside back cover). Additionally, the 10-daily positions for ***Chiron****, the four of the larger asteroids (****Ceres****,* ***Pallas****,* ***Juno*** *and* ***Vesta****) and the* ***Black Moon Lilith*** *have been drawn from Raphael's definitive 151-year Ephemeris (page 37).*

BRITISH SUMMER TIME

British Summer Time begins on March 27 and ends on October 30.
When *British Summer Time* (one hour in advance of G.M.T.) is used, subtract one hour from B.S.T. before entering this Ephemeris.
These dates are believed to be correct at the time of printing.

ISBN: 978 0 572 04814 3

A CIP record for this book is available from the British Library

Printed in Great Britain by Charlesworth
(For earlier years phone 01256 302 692)

W. Foulsham & Co. Ltd. London
The Old Barrel Store, Draymans Lane,
Marlow, Bucks, SL7 2FF, England

NEW MOON–Jan. 2,18h.33m. (12°♑20′)

D M	D W	Sidereal Time	☉ Long.	☉ Dec.	☽ Long.	☽ Lat.	☽ Dec.	☽ Node	24h. ☽ Long.	24h. ☽ Dec.
		h m s	° ′ ″	° ′	° ′ ″	° ′	° ′	° ′	° ′ ″	° ′
1	S	18 44 29	11 ♑ 02 20	22 S 59	23 ♐ 01 52	1 S 56	25 S 11	29 ♉ 30	0 ♑ 36 34	25 S 59
2	Su	18 48 26	12 03 31	22 53	8 ♑ 11 44	3 07	26 18	29 27	15 46 06	26 07
3	M	18 52 23	13 04 42	22 48	23 18 23	4 05	25 27	29 24	0 ♒ 47 22	24 20
4	T	18 56 19	14 05 52	22 42	8 ♒ 11 56	4 45	22 48	29 21	15 31 07	20 55
5	W	19 00 16	15 07 03	22 35	22 44 06	5 06	18 45	29 18	29 50 18	16 21
6	Th	19 04 12	16 08 13	22 28	6 ♓ 49 21	5 07	13 45	29 15	13 ♓ 41 02	11 03
7	F	19 08 09	17 09 23	22 20	20 25 22	4 51	8 15	29 11	27 02 32	5 S 25
8	S	19 12 05	18 10 33	22 12	3 ♈ 32 51	4 20	2 S 34	29 08	9 ♈ 56 43	0 N 16
9	Su	19 16 02	19 11 42	22 04	16 14 41	3 36	3 N 04	29 05	22 27 20	5 47
10	M	19 19 58	20 12 50	21 55	28 35 17	2 44	8 25	29 02	4 ♉ 39 12	10 57
11	T	19 23 55	21 13 58	21 46	10 ♉ 39 44	1 45	13 21	28 59	16 37 34	15 37
12	W	19 27 52	22 15 06	21 36	22 33 19	0 S 43	17 43	28 56	28 27 37	19 38
13	Th	19 31 48	23 16 13	21 26	4 ♊ 21 02	0 N 20	21 21	28 52	10 ♊ 14 07	22 50
14	F	19 35 45	24 17 20	21 15	16 07 23	1 23	24 05	28 49	22 01 15	25 04
15	S	19 39 41	25 18 25	21 04	27 56 09	2 22	25 47	28 46	3 ♋ 52 26	26 12
16	Su	19 43 38	26 19 31	20 53	9 ♋ 50 22	3 14	26 18	28 43	15 50 14	26 06
17	M	19 47 34	27 20 36	20 41	21 52 14	3 59	25 36	28 40	27 56 31	24 47
18	T	19 51 31	28 21 40	20 29	4 ♌ 03 13	4 33	23 40	28 36	10 ♌ 12 26	22 16
19	W	19 55 27	29 ♑ 22 44	20 17	16 24 13	4 55	20 37	28 33	22 38 39	18 42
20	Th	19 59 24	0 ♒ 23 47	20 04	28 55 46	5 04	16 35	28 30	5 ♍ 15 38	14 16
21	F	20 03 21	1 24 50	19 51	11 ♍ 38 18	4 57	11 46	28 27	18 03 52	9 08
22	S	20 07 17	2 25 52	19 37	24 32 26	4 35	6 23	28 24	1 ♎ 04 07	3 N 32
23	Su	20 11 14	3 26 53	19 23	7 ♎ 39 04	3 59	0 N 37	28 21	14 17 30	2 S 19
24	M	20 15 10	4 27 54	19 09	20 59 34	3 09	5 S 17	28 17	27 45 28	8 12
25	T	20 19 07	5 28 55	18 54	4 ♏ 35 25	2 07	11 03	28 14	11 ♏ 29 34	13 48
26	W	20 23 03	6 29 56	18 39	18 28 01	0 N 57	16 25	28 11	25 30 52	18 49
27	Th	20 27 00	7 30 55	18 23	2 ♐ 38 02	0 S 18	20 59	28 08	9 ♐ 49 24	22 51
28	F	20 30 56	8 31 55	18 08	17 04 41	1 34	24 22	28 05	24 23 28	25 29
29	S	20 34 53	9 32 54	17 52	1 ♑ 45 11	2 44	26 09	28 02	9 ♑ 09 05	26 22
30	Su	20 38 50	10 33 52	17 35	16 34 20	3 43	26 06	27 58	23 59 56	25 22
31	M	20 42 46	11 ♒ 34 49	17 S 19	1 ♒ 24 50	4 S 28	24 S 12	27 ♉ 55	8 ♒ 47 57	22 S 37

D M	Mercury Lat.	Mercury Dec.		Venus Lat.	Venus Dec.		Mars Lat.	Mars Dec.		Jupiter Lat.	Jupiter Dec.
	° ′	° ′	° ′	° ′	° ′	° ′	° ′	° ′	° ′	° ′	° ′
1	1 S 46	22 S 07	21 S 43	3 N 01	18 S 30	18 S 19	0 S 08	22 S 33	22 S 39	1 S 00	12 S 11
3	1 32	21 18	20 52	3 32	18 09	18 00	0 10	22 44	22 50	1 00	12 02
5	1 15	20 26	19 59	4 02	17 50	17 41	0 11	22 55	23 00	0 59	11 53
7	0 53	19 32	19 05	4 30	17 32	17 24	0 12	23 05	23 09	0 59	11 44
9	0 S 27	18 39	18 13	4 57	17 16	17 08	0 14	23 13	23 17	0 59	11 35
11	0 N 03	17 49	17 26	5 21	17 01	16 54	0 15	23 21	23 25	0 59	11 26
13	0 37	17 05	16 46	5 43	16 48	16 42	0 16	23 28	23 31	0 59	11 17
15	1 13	16 30	16 17	6 02	16 37	16 32	0 18	23 34	23 37	0 59	11 08
17	1 51	16 07	16 00	6 17	16 27	16 24	0 19	23 39	23 42	0 59	10 58
19	2 26	15 56	15 56	6 29	16 20	16 17	0 21	23 44	23 46	0 59	10 49
21	2 56	15 59	16 04	6 39	16 15	16 13	0 22	23 47	23 48	0 59	10 39
23	3 18	16 12	16 22	6 45	16 12	16 11	0 23	23 49	23 50	0 59	10 29
25	3 31	16 33	16 45	6 48	16 10	16 10	0 25	23 51	23 51	0 59	10 19
27	3 34	16 59	17 12	6 50	16 10	16 11	0 26	23 51	23 51	0 58	10 09
29	3 28	17 26	17 S 40	6 48	16 12	16 S 13	0 28	23 51	23 S 50	0 58	9 59
31	3 N 15	17 S 53		6 N 45	16 S 14		0 S 29	23 S 49		0 S 58	9 S 48

FIRST QUARTER–Jan. 9,18h.11m. (19°♈27′)

FULL MOON – Jan.17,23h.48m. (27°♋51′)

D M	☿ Long.	♀ Long.	♂ Long.	♃ Long.	♄ Long.	♅ Long.	♆ Long.	♇ Long.	☉	☿	♀	♂	♃	♄	♅	♆	♇
	° ′	° ′	° ′	° ′	° ′	° ′	° ′	° ′									
1	28♑53	23♑03	13♐27	0♓39	11♒57	10♉57	20♓41	25♑57		⚺	⚺			∠	⚼	□	⚺
2	0♒17	22R 32	14 10	0 50	12 04	10R 56	20 42	25 59	☌			⚺	✱	⚺	△		
3	1 37	22 00	14 53	1 02	12 11	10 55	20 43	26 01			☌	∠	∠			✱	☌
4	2 54	21 26	15 35	1 14	12 17	10 54	20 44	26 03	⚺	☌			⚺	☌	□	∠	
5	4 08	20 51	16 18	1 26	12 24	10 54	20 45	26 05			⚺	✱				⚺	⚺
6	5 17	20 16	17 01	1 39	12 30	10 53	20 46	26 07	∠	⚺	∠		☌	⚺	✱		∠
7	6 22	19 39	17 44	1 51	12 37	10 52	20 48	26 09	✱	∠	✱	□			∠	☌	✱
8	7 20	19 03	18 27	2 03	12 44	10 52	20 49	26 11		✱			⚺	∠			
9	8 12	18 26	19 10	2 16	12 51	10 51	20 50	26 13	□		□	△	∠	✱	⚺	⚺	
10	8 56	17 49	19 53	2 28	12 57	10 51	20 51	26 15					✱				□
11	9 32	17 13	20 36	2 41	13 04	10 50	20 53	26 17		□		⚼		□	☌	∠	
12	9 58	16 37	21 19	2 53	13 11	10 50	20 54	26 19	△		△					✱	△
13	10 15	16 03	22 02	3 06	13 18	10 50	20 55	26 21	⚼		⚼		□				
14	10R 20	15 29	22 45	3 19	13 25	10 50	20 57	26 23		△				△	⚺	□	⚼
15	10 14	14 57	23 28	3 32	13 32	10 49	20 58	26 25		⚼		☍	△	⚼	∠		
16	9 57	14 26	24 11	3 45	13 39	10 49	21 00	26 27			☍				✱		
17	9 27	13 57	24 55	3 58	13 46	10 49	21 01	26 29	☍				⚼			△	☍
18	8 47	13 30	25 38	4 11	13 53	10 49	21 03	26 30		☍						⚼	
19	7 55	13 05	26 21	4 24	14 00	10D 49	21 04	26 32				⚼		☍	□		
20	6 55	12 42	27 05	4 37	14 07	10 49	21 06	26 34			⚼	△	☍				
21	5 47	12 21	27 48	4 50	14 14	10 49	21 08	26 36	⚼		△				△		⚼
22	4 34	12 03	28 31	5 04	14 21	10 49	21 09	26 38		⚼		□		⚼	⚼	☍	△
23	3 18	11 47	29 15	5 17	14 28	10 50	21 11	26 40	△	△	□						
24	2 01	11 34	29♐58	5 30	14 35	10 50	21 13	26 42					⚼	△			□
25	0♒46	11 23	0♑42	5 44	14 42	10 50	21 14	26 44	□	□	✱	✱	△		☍	⚼	
26	29♑34	11 15	1 26	5 57	14 50	10 51	21 16	26 46				∠		□		△	
27	28 27	11 09	2 09	6 11	14 57	10 51	21 18	26 48	✱	✱	∠	⚺	□				✱
28	27 28	11 06	2 53	6 25	15 04	10 52	21 19	26 50	∠	∠	⚺			✱		□	∠
29	26 36	11D 05	3 36	6 38	15 11	10 52	21 21	26 52		⚺		☌	✱	∠	⚼		⚺
30	25 52	11 06	4 20	6 52	15 18	10 53	21 23	26 54	⚺		☌		∠	⚺	△	✱	
31	25♑17	11♑10	5♑04	7♓06	15♒25	10♉53	21♓25	26♑56		☌		⚺	⚺			∠	☌

D M	Saturn Lat.	Saturn Dec.	Uranus Lat.	Uranus Dec.	Neptune Lat.	Neptune Dec.	Pluto Lat.	Pluto Dec.
	° ′	° ′	° ′	° ′	° ′	° ′	° ′	° ′
1	0S49	18S00	0S24	14N43	1S08	4S44	1S44	22S39
3	0 49	17 56	0 24	14 43	1 08	4 43	1 44	22 39
5	0 50	17 52	0 24	14 43	1 08	4 42	1 44	22 38
7	0 50	17 49	0 24	14 42	1 08	4 41	1 44	22 37
9	0 50	17 45	0 24	14 42	1 08	4 40	1 44	22 37
11	0 50	17 41	0 24	14 42	1 08	4 39	1 44	22 36
13	0 50	17 37	0 24	14 42	1 08	4 38	1 45	22 36
15	0 50	17 33	0 24	14 42	1 08	4 37	1 45	22 35
17	0 50	17 30	0 24	14 42	1 08	4 36	1 45	22 34
19	0 50	17 26	0 24	14 42	1 08	4 34	1 45	22 34
21	0 50	17 22	0 24	14 42	1 08	4 33	1 45	22 33
23	0 50	17 18	0 24	14 42	1 08	4 32	1 46	22 33
25	0 50	17 13	0 24	14 42	1 07	4 30	1 46	22 32
27	0 51	17 09	0 24	14 42	1 07	4 29	1 46	22 32
29	0 51	17 05	0 24	14 43	1 07	4 28	1 46	22 31
31	0S51	17S01	0S23	14N43	1S07	4S26	1S46	22S30

Mutual Aspects

1 ☉△♅.
2 ☉⚺♄. ☿⚺♃. ♂∥♇.
3 ☉∥♂.
4 ♀⊥♂.
5 ♀✱♆. ☉∥♇. ♀∥♄.
6 ☿∠♆. ♂±♅.
7 ☉∠♃.
8 ♀⚺♂.
9 ☉☌♀. ☉⚺♂. ♃⊥♇.
10 ♀∠♃.
11 ☉✱♆. ♂Q♃. ♂□♆. ♂⊥♇. ☿∥♄.
14 ☿∥♀. ☿Stat.
16 ☉☌♇.
17 ☿∠♂. ♀⚺♄.
18 ☉⊥♃. ♂⚼♅. ♅Stat.
19 ♂⚺♇.
21 ☿∠♆.
22 ☿⊥♂. ☿⚺♃.
23 ☉☌☿. ♂∠♄. ☿∥♀.
25 ☉⚺♃. ☿⚺♂.
26 ☉∠♆. ☿⊥♃.
28 ☿∥♄.
29 ☉⊥♂. ☿☌♇. ♀Stat.
30 ☉□♅. ☉∥☿.
31 ☉⚺♀. ♄⊥♆.

LAST QUARTER – Jan.25,13h.41m. (5°♏33′)

NEW MOON–Feb. 1,05h.46m. (12°♒20′)

D M	D W	Sidereal Time	☉ Long.	☉ Dec.	☽ Long.	☽ Lat.	☽ Dec.	☽ Node	24h. ☽ Long.	24h. ☽ Dec.
		h m s	° ′ ″	° ′	° ′ ″	° ′	° ′	° ′	° ′ ″	° ′
1	T	20 46 43	12♒35 45	17 S 02	16♒08 11	4 S 54	20 S 40	27♉52	23♒24 32	18 S 26
2	W	20 50 39	13 36 40	16 44	0♓36 05	5 01	15 57	27 49	7♓42 03	13 17
3	Th	20 54 36	14 37 34	16 27	14 41 51	4 49	10 28	27 46	21 35 05	7 35
4	F	20 58 32	15 38 26	16 09	28 21 29	4 21	4 S 39	27 42	5♈01 01	1 S 42
5	S	21 02 29	16 39 17	15 51	11♈33 49	3 39	1 N 12	27 39	18 00 08	4 N 04
6	Su	21 06 25	17 40 07	15 32	24 20 21	2 48	6 50	27 36	0♉34 59	9 30
7	M	21 10 22	18 40 55	15 14	6♉44 36	1 50	12 02	27 33	12 49 50	14 26
8	T	21 14 19	19 41 42	14 55	18 51 21	0 S 48	16 40	27 30	24 49 52	18 43
9	W	21 18 15	20 42 28	14 35	0♊46 04	0 N 15	20 33	27 27	6♊40 41	22 11
10	Th	21 22 12	21 43 12	14 16	12 34 23	1 17	23 34	27 23	18 27 50	24 42
11	F	21 26 08	22 43 54	13 56	24 21 40	2 15	25 34	27 20	0♋16 28	26 09
12	S	21 30 05	23 44 35	13 36	6♋12 48	3 08	26 25	27 17	12 11 06	26 23
13	Su	21 34 01	24 45 14	13 16	18 11 50	3 53	26 03	27 14	24 15 20	25 23
14	M	21 37 58	25 45 52	12 56	0♌21 54	4 27	24 25	27 11	6♌31 43	23 10
15	T	21 41 54	26 46 28	12 35	12 44 58	4 50	21 37	27 08	19 01 42	19 49
16	W	21 45 51	27 47 02	12 15	25 21 55	5 00	17 46	27 04	1♍45 36	15 29
17	Th	21 49 48	28 47 35	11 54	8♍12 37	4 54	13 02	27 01	14 42 52	10 24
18	F	21 53 44	29♒48 07	11 32	21 16 09	4 33	7 38	26 58	27 52 21	4 N 46
19	S	21 57 41	0♓48 37	11 11	4♎31 16	3 57	1 N 50	26 55	11♎12 45	1 S 10
20	Su	22 01 37	1 49 05	10 50	17 56 40	3 07	4 S 09	26 52	24 42 57	7 07
21	M	22 05 34	2 49 33	10 28	1♏31 30	2 06	10 02	26 48	8♏22 18	12 50
22	T	22 09 30	3 49 59	10 06	15 15 20	0 N 57	15 30	26 45	22 10 39	17 58
23	W	22 13 27	4 50 23	9 44	29 08 14	0 S 16	20 13	26 42	6♐08 07	22 12
24	Th	22 17 23	5 50 47	9 22	13♐10 17	1 29	23 51	26 39	20 14 40	25 08
25	F	22 21 20	6 51 09	9 00	27 21 09	2 37	26 02	26 36	4♑29 32	26 29
26	S	22 25 17	7 51 30	8 37	11♑39 31	3 36	26 31	26 33	18 50 42	26 05
27	Su	22 29 13	8 51 49	8 15	26 02 37	4 21	25 13	26 29	3♒14 39	23 56
28	M	22 33 10	9♓52 07	7 S 52	10♒26 08	4 S 50	22 S 17	26♉26	17♒36 21	20 S 17

D M	Mercury Lat.	Mercury Dec.		Venus Lat.	Venus Dec.		Mars Lat.	Mars Dec.		Jupiter Lat.	Jupiter Dec.
	° ′	° ′	° ′	° ′	° ′	° ′	° ′	° ′	° ′	° ′	° ′
1	3 N 06	18 S 06	18 S 18	6 N 43	16 S 16	16 S 18	0 S 30	23 S 48	23 S 47	0 S 58	9 S 43
3	2 47	18 30	18 41	6 38	16 20	16 22	0 31	23 46	23 44	0 58	9 33
5	2 25	18 51	19 00	6 31	16 24	16 27	0 33	23 42	23 39	0 58	9 22
7	2 02	19 08	19 15	6 22	16 29	16 32	0 34	23 37	23 34	0 58	9 12
9	1 38	19 21	19 25	6 13	16 35	16 37	0 36	23 31	23 28	0 58	9 01
11	1 15	19 29	19 31	6 03	16 40	16 42	0 37	23 24	23 21	0 58	8 51
13	0 53	19 33	19 33	5 52	16 45	16 47	0 39	23 17	23 12	0 58	8 40
15	0 31	19 31	19 29	5 40	16 49	16 51	0 40	23 08	23 03	0 58	8 29
17	0 N 11	19 25	19 20	5 28	16 53	16 54	0 42	22 58	22 53	0 58	8 18
19	0 S 09	19 14	19 07	5 16	16 55	16 56	0 43	22 48	22 42	0 58	8 07
21	0 27	18 58	18 48	5 03	16 57	16 58	0 45	22 36	22 30	0 58	7 56
23	0 44	18 36	18 24	4 50	16 58	16 58	0 46	22 24	22 17	0 58	7 45
25	0 59	18 10	17 54	4 37	16 57	16 56	0 48	22 11	22 04	0 58	7 34
27	1 14	17 38	17 20	4 23	16 55	16 54	0 49	21 56	21 49	0 59	7 23
29	1 27	17 01	16 S 41	4 09	16 52	16 S 49	0 50	21 41	21 S 33	0 59	7 12
31	1 S 38	16 S 19		3 N 56	16 S 47		0 S 52	21 S 25		0 S 59	7 S 01

FIRST QUARTER–Feb. 8,13h.50m. (19°♉46′)

FULL MOON–Feb.16,16h.56m. (28°♌00′)

D	☿	♀	♂	♃	♄	♅	♆	♇	Lunar Aspects								
M	Long.	Long.	Long.	Long.	Long.	Long.	Long.	Long.	☉	☿	♀	♂	♃	♄	♅	♆	♇
	° ′	° ′	° ′	° ′	° ′	° ′	° ′	° ′									
1	24♑51	11♑16	5♑48	7♓20	15♒33	10♉54	21♓27	26♑58	☌		⚺	∠		☌	□	⚺	
2	24R 34	11 25	6 32	7 33	15 40	10 55	21 29	27 00		⚺	∠	⚹	☌				⚺
3	24 24	11 36	7 15	7 47	15 47	10 56	21 31	27 02	⚺	∠	⚹			⚺	⚹	☌	∠
4	24D 23	11 49	7 59	8 01	15 54	10 57	21 32	27 04	∠	⚹				∠	∠		⚹
5	24 29	12 04	8 43	8 15	16 01	10 57	21 34	27 06	⚹		□	□	⚺	⚹	⚺		
6	24 42	12 21	9 27	8 29	16 09	10 58	21 36	27 07		□			∠			⚺	□
7	25 01	12 40	10 11	8 43	16 16	10 59	21 38	27 09				△	⚹		☌	∠	
8	25 27	13 01	10 55	8 58	16 23	11 00	21 40	27 11	□		△			□		⚹	
9	25 57	13 23	11 39	9 12	16 30	11 02	21 42	27 13		△	⚻	⚻					△
10	26 33	13 48	12 23	9 26	16 37	11 03	21 44	27 15		⚻			□	△	⚺		⚻
11	27 13	14 14	13 07	9 40	16 45	11 04	21 46	27 17	△						∠	□	
12	27 58	14 42	13 52	9 54	16 52	11 05	21 48	27 19	⚻				△	⚻	⚹		
13	28 46	15 12	14 36	10 08	16 59	11 07	21 51	27 20			☍	☍				△	
14	29♑38	15 43	15 20	10 23	17 06	11 08	21 53	27 22		☍			⚻				☍
15	0♒33	16 15	16 04	10 37	17 13	11 09	21 55	27 24						☍	□	⚻	
16	1 31	16 49	16 48	10 51	17 20	11 11	21 57	27 26	☍								
17	2 31	17 25	17 33	11 06	17 27	11 12	21 59	27 27			⚻	⚻	☍		△		⚻
18	3 35	18 02	18 17	11 20	17 35	11 14	22 01	27 29		⚻	△	△			⚻	☍	△
19	4 40	18 40	19 01	11 34	17 42	11 15	22 03	27 31		△				⚻			
20	5 48	19 19	19 46	11 49	17 49	11 17	22 05	27 33	⚻		□	□		△			
21	6 58	19 59	20 30	12 03	17 56	11 19	22 08	27 34	△	□			⚻			⚻	□
22	8 10	20 41	21 15	12 18	18 03	11 20	22 10	27 36			⚹	⚹	△	□	☍		
23	9 24	21 23	21 59	12 32	18 10	11 22	22 12	27 38	□							△	⚹
24	10 39	22 07	22 44	12 47	18 17	11 24	22 14	27 39		⚹	∠	∠	□	⚹			∠
25	11 56	22 52	23 28	13 01	18 24	11 26	22 16	27 41		∠	⚺	⚺		∠	⚻	□	⚺
26	13 15	23 37	24 13	13 16	18 31	11 28	22 19	27 43	⚹	⚺			⚹	⚺	△		
27	14 35	24 24	24 57	13 30	18 38	11 30	22 21	27 44	∠		☌	☌	∠			⚹	☌
28	15♒56	25♑11	25♑42	13♓45	18♒44	11♉32	22♓23	27♑46	⚺	☌			⚺		□	∠	

D	Saturn		Uranus		Neptune		Pluto	
M	Lat.	Dec.	Lat.	Dec.	Lat.	Dec.	Lat.	Dec.
	° ′	° ′	° ′	° ′	° ′	° ′	° ′	° ′
1	0S51	16S59	0S23	14N44	1S07	4S25	1S46	22S30
3	0 51	16 55	0 23	14 44	1 07	4 24	1 47	22 30
5	0 51	16 51	0 23	14 45	1 07	4 22	1 47	22 29
7	0 51	16 47	0 23	14 45	1 07	4 21	1 47	22 29
9	0 51	16 42	0 23	14 46	1 07	4 19	1 47	22 28
11	0 52	16 38	0 23	14 47	1 07	4 18	1 47	22 28
13	0 52	16 34	0 23	14 48	1 07	4 16	1 48	22 27
15	0 52	16 30	0 23	14 49	1 07	4 14	1 48	22 27
17	0 52	16 26	0 23	14 50	1 07	4 13	1 48	22 26
19	0 52	16 21	0 23	14 51	1 07	4 11	1 48	22 26
21	0 52	16 17	0 23	14 52	1 07	4 09	1 49	22 25
23	0 53	16 13	0 23	14 53	1 07	4 07	1 49	22 25
25	0 53	16 09	0 23	14 54	1 07	4 06	1 49	22 24
27	0 53	16 05	0 23	14 55	1 07	4 04	1 49	22 24
29	0 53	16 01	0 23	14 56	1 07	4 02	1 50	22 24
31	0S53	15S57	0S23	14N58	1S07	4S00	1S50	22S23

Mutual Aspects

1 ☉ ∥ ♄. 3 ☉ ∥ ♀.
4 ☉ ☌ ♄. ☉ ⊥ ♆. ♂ ⚹ ♃. ☿ Stat.
6 ♂ Q ♆.
7 ☉ ⊥ ♀. ♂ ⊥ ♄.
8 ♂ △ ♅. ☉ ♯ ♅.
10 ☉ ⚺ ♆.
11 ☿ ☌ ♇. ♀ ∥ ♄.
16 ☉ ⚺ ♇. ♀ ☌ ♂.
17 ☉ Q ♅. ♀ ⚺ ♄. ♂ ⚺ ♄.
18 ♃ ⚹ ♅. 20 ☿ ⊥ ♃.
21 ☿ ∠ ♆.
22 ☉ ⊥ ♇.
23 ♂ ⚹ ♆. ♃ ∠ ♇. ♂ ∥ ♇.
24 ♀ ⚹ ♆. 25 ☿ □ ♅.
26 ☿ ⚺ ♃.
28 ☿ ⊥ ♆.

LAST QUARTER–Feb.23,22h.32m. (5°♐17′)

NEW MOON–Mar. 2,17h.35m. (12° ♓ 07′)

D M	D W	Sidereal Time	☉ Long.	☉ Dec.	☽ Long.	☽ Lat.	☽ Dec.	☽ Node	24h. ☽ Long.	24h. ☽ Dec.
		h m s	° ′ ″	° ′	° ′ ″	° ′	° ′	° ′	° ′ ″	° ′
1	T	22 37 06	10 ♓ 52 23	7 S 29	24 ♒ 44 32	5 S 01	18 S 00	26 ♉ 23	1 ♓ 49 57	15 S 29
2	W	22 41 03	11 52 38	7 06	8 ♓ 51 51	4 53	12 46	26 20	15 49 36	9 55
3	Th	22 44 59	12 52 50	6 43	22 42 38	4 28	6 59	26 17	29 30 30	4 S 01
4	F	22 48 56	13 53 01	6 20	6 ♈ 12 54	3 48	1 S 01	26 14	12 ♈ 49 39	1 N 56
5	S	22 52 52	14 53 10	5 57	19 20 42	2 57	4 N 51	26 10	25 46 09	7 40
6	Su	22 56 49	15 53 17	5 34	2 ♉ 06 11	1 58	10 22	26 07	8 ♉ 21 09	12 55
7	M	23 00 46	16 53 22	5 11	14 31 28	0 S 55	15 19	26 04	20 37 36	17 33
8	T	23 04 42	17 53 24	4 47	26 40 09	0 N 10	19 34	26 01	2 ♊ 39 42	21 22
9	W	23 08 39	18 53 25	4 24	8 ♊ 36 55	1 13	22 56	25 58	14 32 27	24 15
10	Th	23 12 35	19 53 23	4 00	20 27 00	2 12	25 18	25 54	26 21 16	26 03
11	F	23 16 32	20 53 20	3 37	2 ♋ 15 54	3 06	26 31	25 51	8 ♋ 11 35	26 40
12	S	23 20 28	21 53 14	3 13	14 08 57	3 52	26 32	25 48	20 08 34	26 04
13	Su	23 24 25	22 53 06	2 49	26 11 01	4 28	25 18	25 45	2 ♌ 16 46	24 13
14	M	23 28 21	23 52 56	2 26	8 ♌ 26 14	4 52	22 51	25 42	14 39 47	21 12
15	T	23 32 18	24 52 43	2 02	20 57 39	5 04	19 18	25 39	27 20 03	17 09
16	W	23 36 15	25 52 29	1 38	3 ♍ 47 02	5 00	14 47	25 35	10 ♍ 18 35	12 13
17	Th	23 40 11	26 52 12	1 15	16 54 37	4 41	9 29	25 32	23 34 56	6 36
18	F	23 44 08	27 51 53	0 51	0 ♎ 19 16	4 06	3 N 38	25 29	7 ♎ 07 17	0 N 35
19	S	23 48 04	28 51 33	0 27	13 58 37	3 16	2 S 30	25 26	20 52 52	5 S 35
20	Su	23 52 01	29 ♓ 51 10	0 S 04	27 49 36	2 14	8 37	25 23	4 ♏ 48 26	11 34
21	M	23 55 57	0 ♈ 50 46	0 N 20	11 ♏ 48 56	1 N 03	14 23	25 19	18 50 47	17 01
22	T	23 59 54	1 50 19	0 44	25 53 38	0 S 12	19 25	25 16	2 ♐ 57 12	21 34
23	W	0 03 50	2 49 52	1 08	10 ♐ 01 15	1 27	23 23	25 13	17 05 35	24 51
24	Th	0 07 47	3 49 22	1 31	24 10 00	2 37	25 55	25 10	1 ♑ 14 21	26 34
25	F	0 11 44	4 48 51	1 55	8 ♑ 18 28	3 37	26 47	25 07	15 22 10	26 34
26	S	0 15 40	5 48 18	2 18	22 25 18	4 24	25 54	25 04	29 27 38	24 51
27	Su	0 19 37	6 47 43	2 42	6 ♒ 28 55	4 55	23 24	25 00	13 ♒ 28 53	21 37
28	M	0 23 33	7 47 06	3 05	20 27 12	5 08	19 32	24 57	27 23 33	17 11
29	T	0 27 30	8 46 28	3 29	4 ♓ 17 34	5 03	14 38	24 54	11 ♓ 08 52	11 54
30	W	0 31 26	9 45 48	3 52	17 57 06	4 40	9 04	24 51	24 41 56	6 08
31	Th	0 35 23	10 ♈ 45 05	4 N 15	1 ♈ 23 03	4 S 03	3 S 10	24 ♉ 48	8 ♈ 00 12	0 S 11

D M	Mercury Lat.	Mercury Dec.		Venus Lat.	Venus Dec.		Mars Lat.	Mars Dec.		Jupiter Lat.	Jupiter Dec.
	° ′	° ′	° ′	° ′	° ′	° ′	° ′	° ′	° ′	° ′	° ′
1	1 S 27	17 S 01	16 S 41	4 N 09	16 S 52	16 S 49	0 S 50	21 S 41	21 S 33	0 S 59	7 S 12
3	1 38	16 19	15 56	3 56	16 47	16 44	0 52	21 25	21 17	0 59	7 01
5	1 48	15 32	15 06	3 42	16 40	16 36	0 53	21 08	21 00	0 59	6 50
7	1 56	14 40	14 12	3 28	16 32	16 27	0 55	20 51	20 42	0 59	6 39
9	2 03	13 42	13 12	3 15	16 21	16 16	0 56	20 32	20 23	0 59	6 27
11	2 09	12 40	12 07	3 01	16 10	16 03	0 58	20 13	20 03	0 59	6 16
13	2 12	11 33	10 57	2 48	15 56	15 48	0 59	19 53	19 42	0 59	6 05
15	2 14	10 21	9 43	2 34	15 40	15 32	1 01	19 32	19 21	0 59	5 54
17	2 14	9 04	8 24	2 21	15 23	15 13	1 02	19 10	18 59	0 59	5 43
19	2 13	7 42	6 59	2 08	15 03	14 53	1 04	18 47	18 36	0 59	5 32
21	2 09	6 16	5 31	1 55	14 42	14 31	1 05	18 24	18 12	1 00	5 21
23	2 04	4 45	3 58	1 43	14 19	14 07	1 07	18 00	17 48	1 00	5 09
25	1 56	3 09	2 20	1 30	13 54	13 41	1 08	17 35	17 23	1 00	4 58
27	1 47	1 S 30	0 S 39	1 18	13 27	13 13	1 10	17 10	16 57	1 00	4 47
29	1 35	0 N 13	1 N 06	1 07	12 59	12 S 44	1 11	16 44	16 S 31	1 00	4 36
31	1 S 22	2 N 00		0 N 55	12 S 28		1 S 12	16 S 17		1 S 00	4 S 25

FIRST QUARTER–Mar.10,10h.45m. (19° ♊ 50′)

FULL MOON – Mar.18,07h.18m. (27°♍40′)

D M	☿ Long. ° ′	♀ Long. ° ′	♂ Long. ° ′	♃ Long. ° ′	♄ Long. ° ′	♅ Long. ° ′	♆ Long. ° ′	♇ Long. ° ′
1	17♒19	25♑59	26♑27	13♓59	18♒51	11♉34	22♓25	27♑47
2	18 43	26 48	27 11	14 14	18 58	11 36	22 27	27 49
3	20 09	27 38	27 56	14 28	19 05	11 38	22 30	27 50
4	21 36	28 29	28 41	14 43	19 12	11 40	22 32	27 52
5	23 04	29♑20	29♑26	14 57	19 19	11 42	22 34	27 53
6	24 33	0♒12	0♒10	15 12	19 25	11 45	22 36	27 55
7	26 03	1 05	0 55	15 26	19 32	11 47	22 39	27 56
8	27 35	1 58	1 40	15 41	19 39	11 49	22 41	27 58
9	29♒07	2 52	2 25	15 55	19 45	11 52	22 43	27 59
10	0♓41	3 46	3 10	16 10	19 52	11 54	22 46	28 00
11	2 16	4 41	3 55	16 24	19 58	11 56	22 48	28 02
12	3 52	5 37	4 40	16 39	20 05	11 59	22 50	28 03
13	5 30	6 33	5 25	16 53	20 11	12 01	22 52	28 04
14	7 08	7 29	6 10	17 08	20 18	12 04	22 55	28 06
15	8 48	8 26	6 55	17 22	20 24	12 06	22 57	28 07
16	10 29	9 24	7 40	17 37	20 30	12 09	22 59	28 08
17	12 11	10 22	8 25	17 51	20 37	12 12	23 02	28 09
18	13 54	11 20	9 10	18 05	20 43	12 14	23 04	28 10
19	15 39	12 19	9 55	18 20	20 49	12 17	23 06	28 12
20	17 24	13 18	10 40	18 34	20 55	12 20	23 08	28 13
21	19 11	14 18	11 25	18 49	21 01	12 23	23 11	28 14
22	21 00	15 18	12 10	19 03	21 07	12 25	23 13	28 15
23	22 49	16 18	12 55	19 17	21 13	12 28	23 15	28 16
24	24 40	17 19	13 40	19 32	21 19	12 31	23 17	28 17
25	26 32	18 20	14 25	19 46	21 25	12 34	23 20	28 18
26	28♓26	19 21	15 11	20 00	21 31	12 37	23 22	28 19
27	0♈20	20 23	15 56	20 14	21 37	12 40	23 24	28 20
28	2 16	21 25	16 41	20 28	21 43	12 43	23 26	28 21
29	4 14	22 27	17 26	20 43	21 48	12 46	23 29	28 22
30	6 12	23 30	18 12	20 57	21 54	12 49	23 31	28 23
31	8♈12	24♒33	18♒57	21♓11	22♒00	12♉52	23♓33	28♑24

Lunar Aspects

D	☉	☿	♀	♂	♃	♄	♅	♆	♇
1			⚺	⚺		☌		⚺	⚺
2	☌		∠	∠	☌		⚹		∠
3		⚺	⚹	⚹		⚺	∠	☌	⚹
4		∠				∠	⚺		
5	⚺	⚹			⚺	⚹		⚺	
6	∠		□	□	∠			∠	□
7	⚹				⚹	□	☌		
8		□	△	△				⚹	△
9							⚺		⚼
10	□		⚼	⚼	□	△		□	
11		△				⚼	∠		
12		⚼			△		⚹		
13	△				⚼			△	☍
14	⚼		☍	☍			□	⚼	
15						☍			
16									
17		☍			☍		△	☍	⚼
18	☍		⚼	⚼		⚼	⚼		△
19			△	△		△			
20		⚼			⚼				□
21	⚼		□	□			☍	⚼	
22	△	△			△	□		△	⚹
23			⚹	⚹					∠
24		□		∠	□	⚹	⚼	□	⚺
25	□		∠	⚺		∠	△		
26		⚹	⚺		⚹	⚺		⚹	☌
27	⚹				∠		□	∠	
28	∠	∠	☌	☌	⚺	☌		⚺	
29	⚺	⚺							⚺
30			⚺	⚺	☌	⚺	⚹	☌	∠
31				∠		∠	∠		⚹

D M	Saturn Lat. ° ′	Saturn Dec. ° ′	Uranus Lat. ° ′	Uranus Dec. ° ′	Neptune Lat. ° ′	Neptune Dec. ° ′	Pluto Lat. ° ′	Pluto Dec. ° ′
1	0S53	16S01	0S23	14N56	1S07	4S02	1S50	22S24
3	0 53	15 57	0 23	14 58	1 07	4 00	1 50	22 23
5	0 53	15 53	0 23	14 59	1 07	3 59	1 50	22 23
7	0 54	15 49	0 23	15 01	1 07	3 57	1 50	22 22
9	0 54	15 45	0 22	15 02	1 07	3 55	1 51	22 22
11	0 54	15 41	0 22	15 04	1 07	3 53	1 51	22 22
13	0 54	15 37	0 22	15 05	1 07	3 51	1 51	22 22
15	0 55	15 33	0 22	15 07	1 07	3 50	1 51	22 21
17	0 55	15 29	0 22	15 08	1 07	3 48	1 52	22 21
19	0 55	15 25	0 22	15 10	1 07	3 46	1 52	22 21
21	0 55	15 22	0 22	15 12	1 07	3 44	1 52	22 21
23	0 56	15 18	0 22	15 14	1 07	3 43	1 52	22 21
25	0 56	15 15	0 22	15 15	1 07	3 41	1 53	22 20
27	0 56	15 11	0 22	15 17	1 07	3 39	1 53	22 20
29	0 56	15 08	0 22	15 19	1 07	3 37	1 53	22 20
31	0S57	15S04	0S22	15N21	1S07	3S36	1S54	22S20

Mutual Aspects

2 ☉∠♀. ☉⚹♅. ☿☌♄. ☉∥♃. ☿∥♀.
3 ☉∠♂. ☉∠♇. ♀☌♇. ♂☌♇.
4 ☿∥♄.
5 ☉☌♃. ☿⚺♆.
6 ♀☌♂. ♀∠♃. ♂∠♃. ☿#♅.
8 ☿⚺♇. 9 ☿Q♅.
10 ☉⚺♄. ☉∥♆.
12 ☿⊥♇.
13 ☉☌♆. ☿⚺♂.
14 ☿⚺♀. ♀∠♆.
16 ♂∠♆. ♀∥♄.
17 ☉⊥♄. ☉∠♅. ☿⚹♅.
18 ☉⚹♇. ☿∠♇. ♀#♅.
19 ☿⊥♂. ♀⊥♃. ♀□♅.
21 ☿☌♃.
22 ☿⊥♀. ☿⚺♄. ♂□♅. ☿∥♃.
23 ☿☌♆.
24 ♀⊥♆. ♂⊥♃. ☿∥♆.
25 ☿⊥♄. ♄#♅.
26 ☿∠♅. ☿⚹♇. ☉#☿.
27 ☉∠♄. ☉⊥♅. ♀⚺♃.
28 ☿∠♂. ♀☌♄.
29 ♂⊥♆. ☉#♆.
30 ☿∠♄. ☿⊥♅. ♀⚺♆.
31 ☉Q♇. ☉#♃.

LAST QUARTER – Mar.25,05h.37m. (4°♑33′)

NEW MOON – Apr. 1,06h.24m. (11°♈31′) & Apr.30,20h.28m. (10°♉28′)

D M	D W	Sidereal Time	☉ Long.	☉ Dec.	☽ Long.	☽ Lat.	☽ Dec.	☽ Node	24h. ☽ Long.	24h. ☽ Dec.
		h m s	° ′ ″	° ′	° ′ ″	° ′	° ′	° ′	° ′ ″	° ′
1	F	0 39 19	11 ♈ 44 21	4 N39	14 ♈ 33 12	3 S13	2 N46	24 ♉ 45	21 ♈ 01 54	5 N40
2	S	0 43 16	12 43 34	5 02	27 26 17	2 14	8 29	24 41	3 ♉ 46 23	11 10
3	Su	0 47 13	13 42 46	5 25	10 ♉ 02 17	1 10	13 44	24 38	16 14 12	16 07
4	M	0 51 09	14 41 55	5 48	22 22 24	0 S03	18 19	24 35	28 27 13	20 18
5	T	0 55 06	15 41 03	6 10	4 ♊ 29 03	1 N03	22 04	24 32	10 ♊ 28 22	23 34
6	W	0 59 02	16 40 08	6 33	16 25 40	2 05	24 49	24 29	22 21 30	25 46
7	Th	1 02 59	17 39 11	6 56	28 16 27	3 01	26 27	24 25	4 ♋ 11 08	26 48
8	F	1 06 55	18 38 11	7 18	10 ♋ 06 09	3 49	26 52	24 22	16 02 09	26 37
9	S	1 10 52	19 37 09	7 41	21 59 46	4 28	26 03	24 19	27 59 37	25 11
10	Su	1 14 48	20 36 05	8 03	4 ♌ 02 19	4 56	24 02	24 16	10 ♌ 08 26	22 35
11	M	1 18 45	21 34 59	8 25	16 18 30	5 11	20 53	24 13	22 33 00	18 55
12	T	1 22 42	22 33 50	8 47	28 52 21	5 11	16 43	24 10	5 ♍ 16 53	14 18
13	W	1 26 38	23 32 39	9 09	11 ♍ 46 51	4 56	11 42	24 06	18 22 24	8 56
14	Th	1 30 35	24 31 26	9 30	25 03 33	4 25	6 N01	24 03	1 ♎ 50 14	2 N59
15	F	1 34 31	25 30 11	9 52	8 ♎ 42 14	3 38	0 S07	24 00	15 39 16	3 S15
16	S	1 38 28	26 28 53	10 13	22 40 53	2 37	6 24	23 57	29 46 35	9 29
17	Su	1 42 24	27 27 34	10 34	6 ♏ 55 45	1 25	12 29	23 54	14 ♏ 07 44	15 20
18	M	1 46 21	28 26 13	10 55	21 21 51	0 N07	18 00	23 51	28 37 23	20 24
19	T	1 50 17	29 ♈ 24 50	11 16	5 ♐ 53 38	1 S13	22 29	23 47	13 ♐ 09 56	24 13
20	W	1 54 14	0 ♉ 23 25	11 36	20 25 39	2 27	25 33	23 44	27 40 14	26 26
21	Th	1 58 11	1 21 59	11 57	4 ♑ 53 11	3 32	26 53	23 41	12 ♑ 04 03	26 52
22	F	2 02 07	2 20 31	12 17	19 12 31	4 23	26 24	23 38	26 18 15	25 31
23	S	2 06 04	3 19 02	12 37	3 ♒ 21 02	4 58	24 14	23 35	10 ♒ 20 41	22 35
24	Su	2 10 00	4 17 31	12 57	17 17 06	5 14	20 38	23 31	24 10 09	18 25
25	M	2 13 57	5 15 58	13 17	0 ♓ 59 47	5 12	15 59	23 28	7 ♓ 45 58	13 22
26	T	2 17 53	6 14 24	13 36	14 28 39	4 53	10 37	23 25	21 07 50	7 46
27	W	2 21 50	7 12 47	13 55	27 43 31	4 18	4 S51	23 22	4 ♈ 15 43	1 S55
28	Th	2 25 46	8 11 10	14 14	10 ♈ 44 26	3 31	1 N01	23 19	17 09 42	3 N55
29	F	2 29 43	9 09 30	14 33	23 31 35	2 33	6 46	23 16	29 50 08	9 31
30	S	2 33 40	10 ♉ 07 49	14 N51	6 ♉ 05 26	1 S29	12 N09	23 ♉ 12	12 ♉ 17 38	14 N38

D M	Mercury Lat.	Mercury Dec.		Venus Lat.	Venus Dec.		Mars Lat.	Mars Dec.		Jupiter Lat.	Jupiter Dec.
	° ′	° ′	° ′	° ′	° ′	° ′	° ′	° ′	° ′	° ′	° ′
1	1 S14	2 N54	3 N49	0 N49	12 S13	11 S57	1 S 13	16 S04	15 S 50	1 S 01	4 S20
3	0 57	4 45	5 41	0 38	11 40	11 23	1 15	15 36	15 22	1 01	4 09
5	0 39	6 37	7 33	0 27	11 06	10 48	1 16	15 08	14 54	1 01	3 58
7	0 S19	8 29	9 25	0 17	10 30	10 11	1 17	14 39	14 25	1 01	3 47
9	0 N02	10 20	11 15	0 N 07	9 53	9 33	1 19	14 10	13 55	1 01	3 37
11	0 25	12 09	13 02	0 S 03	9 14	8 54	1 20	13 40	13 25	1 02	3 26
13	0 47	13 53	14 43	0 12	8 34	8 13	1 21	13 10	12 55	1 02	3 15
15	1 09	15 31	16 18	0 21	7 53	7 31	1 23	12 40	12 24	1 02	3 05
17	1 30	17 02	17 44	0 30	7 10	6 48	1 24	12 08	11 53	1 02	2 55
19	1 49	18 24	19 01	0 38	6 26	6 04	1 25	11 37	11 21	1 03	2 44
21	2 06	19 36	20 08	0 46	5 42	5 19	1 26	11 05	10 49	1 03	2 34
23	2 21	20 38	21 05	0 54	4 56	4 33	1 28	10 33	10 16	1 03	2 24
25	2 32	21 30	21 52	1 01	4 09	3 46	1 29	10 00	9 44	1 03	2 14
27	2 39	22 11	22 28	1 08	3 22	2 58	1 30	9 27	9 10	1 04	2 04
29	2 43	22 43	22 N 55	1 14	2 34	2 S10	1 31	8 54	8 S 37	1 04	1 54
31	2 N42	23 N04		1 S 20	1 S45		1 S 32	8 S20		1 S 04	1 S45

FIRST QUARTER – Apr. 9,06h.48m. (19°♋24′)

FULL MOON–Apr.16,18h.55m. (26°♎46′)

EPHEMERIS]				APRIL 2022													9
D	☿	♀	♂	♃	♄	♅	♆	♇	Lunar Aspects								
M	Long.	Long.	Long.	Long.	Long.	Long.	Long.	Long.	☉	☿	♀	♂	♃	♄	♅	♆	♇
	° ′	° ′	° ′	° ′	° ′	° ′	° ′	° ′									
1	10♈12	25♒36	19♒42	21♓25	22♒05	12♉55	23♓35	28♑24	☌	☌	∠	✱			⚺		
2	12 14	26 40	20 28	21 39	22 11	12 58	23 37	28 25			✱		⚺	✱		⚺	□
3	14 17	27 43	21 13	21 53	22 16	13 01	23 39	28 26	⚺	⚺			∠		☌	∠	
4	16 20	28 47	21 58	22 07	22 21	13 04	23 42	28 27				□	✱	□		✱	
5	18 24	29♒51	22 43	22 21	22 26	13 07	23 44	28 27	∠	∠	□						△
6	20 29	0♓56	23 29	22 35	22 32	13 11	23 46	28 28	✱	✱					⚺		⚼
7	22 34	2 00	24 14	22 49	22 37	13 14	23 48	28 29			△	△	□	△	∠	□	
8	24 39	3 05	24 59	23 02	22 42	13 17	23 50	28 29				⚼		⚼	✱		
9	26 43	4 10	25 45	23 16	22 47	13 20	23 52	28 30	□	□	⚼		△			△	
10	28♈47	5 15	26 30	23 30	22 52	13 23	23 54	28 31					⚼			⚼	☍
11	0♉50	6 20	27 15	23 44	22 57	13 27	23 56	28 31	△						□		
12	2 52	7 26	28 01	23 57	23 01	13 30	23 59	28 32		△		☍		☍			
13	4 53	8 31	28 46	24 11	23 06	13 33	24 01	28 32	⚼		☍				△		⚼
14	6 52	9 37	29♒31	24 24	23 11	13 37	24 03	28 33		⚼			☍		⚼	☍	△
15	8 48	10 43	0♓17	24 38	23 15	13 40	24 05	28 33						⚼			
16	10 42	11 50	1 02	24 51	23 20	13 43	24 07	28 33	☍		⚼	⚼		△			□
17	12 33	12 56	1 48	25 05	23 24	13 47	24 09	28 34		☍	△	△	⚼		☍	⚼	
18	14 21	14 02	2 33	25 18	23 29	13 50	24 11	28 34					△	□		△	✱
19	16 05	15 09	3 18	25 31	23 33	13 53	24 13	28 34				□					
20	17 46	16 16	4 04	25 44	23 37	13 57	24 14	28 35	⚼		□		□	✱		□	∠
21	19 22	17 23	4 49	25 58	23 41	14 00	24 16	28 35	△	⚼		✱		∠	⚼		⚺
22	20 55	18 30	5 34	26 11	23 45	14 04	24 18	28 35		△	✱	∠	✱	⚺	△	✱	
23	22 23	19 37	6 20	26 24	23 49	14 07	24 20	28 35	□		∠	⚺				∠	☌
24	23 47	20 45	7 05	26 37	23 53	14 10	24 22	28 36			⚺		∠	☌	□		
25	25 06	21 52	7 51	26 50	23 57	14 14	24 24	28 36	✱	□			⚺			⚺	⚺
26	26 21	23 00	8 36	27 02	24 01	14 17	24 26	28 36				☌			✱		∠
27	27 31	24 08	9 21	27 15	24 04	14 21	24 27	28 36	∠	✱	☌		☌	⚺	∠	☌	✱
28	28 36	25 16	10 07	27 28	24 08	14 24	24 29	28 36	⚺	∠		⚺		∠	⚺		
29	29♉36	26 24	10 52	27 40	24 11	14 28	24 31	28 36			⚺	∠	⚺	✱		⚺	□
30	0♊31	27♓32	11♓37	27♓53	24♒15	14♉31	24♓33	28♑36	☌	⚺		✱				∠	
								R									

D	Saturn		Uranus		Neptune		Pluto	
M	Lat.	Dec.	Lat.	Dec.	Lat.	Dec.	Lat.	Dec.
	° ′	° ′	° ′	° ′	° ′	° ′	° ′	° ′
1	0S57	15S03	0S22	15N22	1S07	3S35	1S54	22S20
3	0 57	14 59	0 22	15 24	1 07	3 33	1 54	22 20
5	0 57	14 56	0 22	15 26	1 08	3 31	1 54	22 20
7	0 58	14 53	0 22	15 28	1 08	3 30	1 55	22 20
9	0 58	14 50	0 22	15 30	1 08	3 28	1 55	22 20
11	0 58	14 47	0 22	15 32	1 08	3 26	1 55	22 20
13	0 58	14 44	0 22	15 34	1 08	3 25	1 55	22 20
15	0 59	14 41	0 22	15 36	1 08	3 23	1 56	22 20
17	0 59	14 39	0 22	15 38	1 08	3 22	1 56	22 20
19	0 59	14 36	0 22	15 40	1 08	3 20	1 56	22 21
21	1 00	14 34	0 22	15 42	1 08	3 19	1 57	22 21
23	1 00	14 31	0 22	15 44	1 08	3 17	1 57	22 21
25	1 00	14 29	0 22	15 46	1 08	3 16	1 57	22 21
27	1 01	14 27	0 22	15 48	1 08	3 15	1 57	22 21
29	1 01	14 25	0 22	15 50	1 08	3 13	1 58	22 22
31	1S01	14S23	0S22	15N52	1S08	3S12	1S58	22S22

Mutual Aspects

1 ☿∠♀. ☿Q♇.
2 ☉☌☿. ☉⚺♅. ☿⚺♅. ☿#♃. ☿#♆.
4 ♀⚺♇. ♂⚺♃. ☉∥☿. ♂#♅.
5 ♂☌♄.
6 ♀Q♅. ♂⚺♆. ♃⚺♄. ♂∥♄.
7 ☿⚺♃. ☿✱♄.
8 ☿✱♂. ☿⚺♆.
9 ♀⊥♇. ☿#♀.
10 ☿⊥♃. ☿□♇.
11 ☿⊥♆. ♃∥♆.
12 ♃☌♆. ☉#♀. ☿#♂.
13 ☉∠♀. ☉✱♄. ☉⚺♆. ☿Q♄. ♂⚺♇.
14 ☉⚺♃. ☿#♄.
15 ☿∠♃. ☿∠♆. ☿∥♅.
17 ♂Q♅.
18 ☉□♇. ☿✱♀. ☿Q♂. ☿☌♅. ♀✱♅.
♀∠♇.
20 ☉⊥♆. ☉#♂.
21 ♂⊥♇. 22 ☉⊥♃.
24 ☿□♄. ☿✱♆.
26 ☉Q♄.
27 ☿✱♃. ♀⚺♄. ♀☌♆. ♀∥♆.
28 ☿△♇. ☿#♇.
29 ☉∠♆. ☉#♄. ♇Stat.
30 ♀☌♃.

LAST QUARTER–Apr.23,11h.56m. (3°♒19′)

NEW MOON–May 30,11h.30m. (9° ♊ 03′)

D M	D W	Sidereal Time	☉ Long.	☉ Dec.	☽ Long.	☽ Lat.	☽ Dec.	☽ Node	24h. ☽ Long.	24h. ☽ Dec.
		h m s	° ′ ″	° ′	° ′ ″	° ′	° ′	° ′	° ′ ″	° ′
1	Su	2 37 36	11 ♉ 06 06	15 N09	18 ♉ 26 50	0 S 22	16 N58	23 ♉ 09	24 ♉ 33 14	19 N06
2	M	2 41 33	12 04 22	15 27	0 ♊ 37 02	0 N45	21 01	23 06	6 ♊ 38 29	22 42
3	T	2 45 29	13 02 36	15 45	12 37 52	1 49	24 07	23 03	18 35 32	25 16
4	W	2 49 26	14 00 47	16 03	24 31 48	2 49	26 08	23 00	0 ♋ 27 05	26 42
5	Th	2 53 22	14 58 57	16 20	6 ♋ 21 50	3 40	26 57	22 57	12 16 30	26 54
6	F	2 57 19	15 57 05	16 37	18 11 35	4 22	26 32	22 53	24 07 37	25 52
7	S	3 01 15	16 55 11	16 53	0 ♌ 05 08	4 53	24 54	22 50	6 ♌ 04 41	23 40
8	Su	3 05 12	17 53 16	17 10	12 06 52	5 12	22 09	22 47	18 12 15	20 23
9	M	3 09 09	18 51 18	17 26	24 21 22	5 17	18 23	22 44	0 ♍ 34 47	16 10
10	T	3 13 05	19 49 18	17 42	6 ♍ 53 01	5 07	13 44	22 41	13 16 31	11 08
11	W	3 17 02	20 47 16	17 57	19 45 43	4 42	8 23	22 37	26 20 55	5 N29
12	Th	3 20 58	21 45 13	18 12	3 ♎ 02 23	4 02	2 N29	22 34	9 ♎ 50 13	0 S 36
13	F	3 24 55	22 43 08	18 27	16 44 26	3 06	3 S 43	22 31	23 44 55	6 51
14	S	3 28 51	23 41 01	18 42	0 ♏ 51 21	1 57	9 56	22 28	8 ♏ 03 19	12 56
15	Su	3 32 48	24 38 52	18 56	15 20 15	0 N40	15 48	22 25	22 41 26	18 27
16	M	3 36 44	25 36 42	19 10	0 ♐ 06 00	0 S 42	20 51	22 22	7 ♐ 33 02	22 55
17	T	3 40 41	26 34 31	19 23	15 01 32	2 02	24 37	22 18	22 30 28	25 52
18	W	3 44 38	27 32 18	19 37	29 58 50	3 13	26 40	22 15	7 ♑ 25 37	26 58
19	Th	3 48 34	28 30 05	19 49	14 ♑ 49 57	4 11	26 46	22 12	22 11 00	26 07
20	F	3 52 31	29 ♉ 27 49	20 02	29 28 07	4 52	25 01	22 09	6 ♒ 40 43	23 31
21	S	3 56 27	0 ♊ 25 33	20 14	13 ♒ 48 26	5 13	21 41	22 06	20 50 59	19 33
22	Su	4 00 24	1 23 16	20 26	27 48 11	5 16	17 10	22 03	4 ♓ 40 03	14 36
23	M	4 04 20	2 20 58	20 38	11 ♓ 26 36	5 00	11 53	21 59	18 07 59	9 05
24	T	4 08 17	3 18 38	20 49	24 44 25	4 28	6 12	21 56	1 ♈ 16 08	3 S 17
25	W	4 12 13	4 16 18	21 00	7 ♈ 43 26	3 44	0 S 22	21 53	14 06 35	2 N32
26	Th	4 16 10	5 13 56	21 10	20 25 55	2 49	5 N23	21 50	26 41 44	8 09
27	F	4 20 07	6 11 34	21 20	2 ♉ 54 19	1 47	10 48	21 47	9 ♉ 04 00	13 21
28	S	4 24 03	7 09 10	21 30	15 11 01	0 S 41	15 44	21 43	21 15 41	17 58
29	Su	4 28 00	8 06 46	21 40	27 18 13	0 N26	19 59	21 40	3 ♊ 18 54	21 47
30	M	4 31 56	9 04 21	21 49	9 ♊ 17 57	1 31	23 21	21 37	15 15 38	24 39
31	T	4 35 53	10 ♊ 01 54	21 N57	21 ♊ 12 11	2 N32	25 N40	21 ♉ 34	27 ♊ 07 52	26 N24

D M	Mercury Lat.	Mercury Dec.		Venus Lat.	Venus Dec.		Mars Lat.	Mars Dec.		Jupiter Lat.	Jupiter Dec.
	° ′	° ′	° ′	° ′	° ′	° ′	° ′	° ′	° ′	° ′	° ′
1	2 N42	23 N04	23 N 12	1 S 20	1 S 45	1 S 20	1 S 32	8 S 20	8 S 03	1 S 04	1 S 45
3	2 37	23 16	23 19	1 25	0 56	0 S 31	1 33	7 46	7 29	1 05	1 35
5	2 28	23 19	23 18	1 30	0 S 06	0 N19	1 34	7 12	6 55	1 05	1 26
7	2 14	23 13	23 07	1 35	0 N44	1 09	1 35	6 38	6 21	1 05	1 16
9	1 55	22 59	22 49	1 39	1 35	2 00	1 36	6 04	5 46	1 06	1 07
11	1 32	22 36	22 22	1 43	2 25	2 51	1 37	5 29	5 12	1 06	0 58
13	1 05	22 06	21 48	1 47	3 16	3 42	1 38	4 55	4 37	1 06	0 49
15	0 34	21 29	21 08	1 50	4 07	4 33	1 39	4 20	4 02	1 07	0 40
17	0 N01	20 47	20 24	1 52	4 58	5 23	1 40	3 45	3 27	1 07	0 32
19	0 S 34	20 01	19 37	1 55	5 49	6 14	1 41	3 10	2 53	1 07	0 24
21	1 09	19 13	18 49	1 56	6 39	7 04	1 42	2 35	2 18	1 08	0 15
23	1 43	18 25	18 02	1 58	7 29	7 54	1 42	2 00	1 43	1 08	0 S 07
25	2 15	17 40	17 19	1 59	8 19	8 44	1 43	1 25	1 08	1 09	0 N01
27	2 44	16 59	16 41	2 00	9 09	9 33	1 44	0 50	0 S 33	1 09	0 08
29	3 09	16 24	16 N 10	2 00	9 57	10 N22	1 44	0 S 15	0 02	1 09	0 16
31	3 S 29	15 N58		2 S 00	10 N46		1 S 45	0 N19		1 S 10	0 N23

FIRST QUARTER–May 9,00h.21m. (18° ♌ 23′)

FULL MOON–May 16,04h.14m. (25°♏18′)

D M	☿ Long.	♀ Long.	♂ Long.	♃ Long.	♄ Long.	♅ Long.	♆ Long.	♇ Long.	☉	☿	♀	♂	♃	♄	♅	♆	♇
	° ′	° ′	° ′	° ′	° ′	° ′	° ′	° ′									
1	1♊20	28♓40	12♓23	28♓06	24♒18	14♉35	24♓34	28♑36			∠		∠	□	☌		
2	2 05	29♓48	13 08	28 18	24 21	14 38	24 36	28R 36		☌	✱		✱			✱	△
3	2 44	0♈57	13 53	28 30	24 24	14 41	24 38	28 36	⚺			□			⚺		⚼
4	3 18	2 05	14 38	28 43	24 27	14 45	24 39	28 36	∠				□	△	∠	□	
5	3 47	3 14	15 24	28 55	24 30	14 48	24 41	28 35		⚺	□			⚼			
6	4 10	4 22	16 09	29 07	24 33	14 52	24 43	28 35	✱	∠		△			✱		
7	4 29	5 31	16 54	29 19	24 36	14 55	24 44	28 35		✱		⚼	△			△	☍
8	4 41	6 40	17 39	29 31	24 39	14 59	24 46	28 35			△		⚼		□	⚼	
9	4 49	7 49	18 24	29 43	24 41	15 02	24 47	28 35	□		⚼			☍			
10	4R 52	8 58	19 09	29♓54	24 44	15 06	24 49	28 34		□							
11	4 49	10 07	19 55	0♈06	24 46	15 09	24 50	28 34	△			☍			△	☍	⚼
12	4 42	11 16	20 40	0 18	24 48	15 13	24 52	28 34	⚼	△			☍	⚼	⚼		△
13	4 30	12 25	21 25	0 29	24 51	15 16	24 53	28 33		⚼	☍						
14	4 13	13 34	22 10	0 41	24 53	15 19	24 55	28 33				⚼		△			□
15	3 53	14 44	22 55	0 52	24 55	15 23	24 56	28 32					⚼		☍	⚼	
16	3 29	15 53	23 40	1 03	24 57	15 26	24 57	28 32	☍	☍	⚼	△	△	□		△	✱
17	3 02	17 03	24 25	1 14	24 59	15 30	24 59	28 32			△						∠
18	2 33	18 12	25 10	1 25	25 00	15 33	25 00	28 31				□	□	✱	⚼	□	⚺
19	2 01	19 22	25 55	1 36	25 02	15 37	25 01	28 31	⚼	⚼	□			∠	△		
20	1 28	20 32	26 40	1 47	25 03	15 40	25 02	28 30	△	△		✱	✱	⚺		✱	☌
21	0 54	21 42	27 25	1 58	25 05	15 43	25 04	28 29				∠	∠		□	∠	
22	0♊19	22 51	28 09	2 09	25 06	15 47	25 05	28 29	□	□	✱	⚺	⚺	☌		⚺	⚺
23	29♉45	24 01	28 54	2 19	25 08	15 50	25 06	28 28			∠				✱		∠
24	29 11	25 11	29♓39	2 30	25 09	15 53	25 07	28 27		✱	⚺	☌		⚺	∠	☌	✱
25	28 39	26 21	0♈24	2 40	25 10	15 57	25 08	28 27	✱	∠			☌	∠			
26	28 09	27 32	1 08	2 50	25 11	16 00	25 09	28 26	∠					✱	⚺	⚺	
27	27 41	28 42	1 53	3 00	25 12	16 03	25 10	28 25	⚺	⚺	●	⚺	⚺				□
28	27 16	29♈52	2 38	3 10	25 12	16 07	25 11	28 25				∠	∠		☌	∠	
29	26 55	1♉02	3 22	3 20	25 13	16 10	25 12	28 24		☌	⚺			□		✱	△
30	26 37	2 13	4 07	3 30	25 14	16 13	25 13	28 23	☌			✱	✱				⚼
31	26♉23	3♉23	4♈51	3♈40	25♒14	16♉17	25♓14	28♑22		⚺	∠			△	⚺	□	

D M	Saturn Lat.	Saturn Dec.	Uranus Lat.	Uranus Dec.	Neptune Lat.	Neptune Dec.	Pluto Lat.	Pluto Dec.
	° ′	° ′	° ′	° ′	° ′	° ′	° ′	° ′
1	1S01	14S23	0S22	15N52	1S08	3S12	1S58	22S22
3	1 02	14 21	0 22	15 54	1 08	3 11	1 58	22 22
5	1 02	14 20	0 22	15 56	1 08	3 09	1 59	22 23
7	1 02	14 18	0 22	15 58	1 08	3 08	1 59	22 23
9	1 03	14 17	0 22	16 00	1 09	3 07	1 59	22 23
11	1 03	14 15	0 22	16 02	1 09	3 06	1 59	22 24
13	1 03	14 14	0 22	16 04	1 09	3 05	2 00	22 24
15	1 04	14 13	0 22	16 06	1 09	3 04	2 00	22 25
17	1 04	14 12	0 22	16 08	1 09	3 03	2 00	22 25
19	1 05	14 11	0 22	16 10	1 09	3 02	2 01	22 26
21	1 05	14 11	0 22	16 12	1 09	3 01	2 01	22 26
23	1 05	14 10	0 21	16 14	1 09	3 00	2 01	22 27
25	1 06	14 10	0 21	16 16	1 09	3 00	2 01	22 27
27	1 06	14 10	0 21	16 18	1 09	2 59	2 02	22 28
29	1 06	14 09	0 21	16 20	1 09	2 58	2 02	22 28
31	1S07	14S09	0S21	16N22	1S09	2S57	2S02	22S29

Mutual Aspects

1 ♀✱♇. ♀ ∥ ♃.
2 ♀∠♅.
3 ♀⊥♄. ♂∠♇. ♃✱♇.
4 ☉∠♃. ♂✱♅. ☉ ∥ ♅.
5 ☉☌♅. 6 ☿✱♀.
7 ☉✱♂.
8 ♀ ♯ ♃.
10 ♀⊥♅. ☿ Stat.
11 ♀∠♄. ♀Q♇. ♃∠♅.
12 ☿ ♯ ♇. 13 ♀ ♯ ♆.
14 ☿Q♂.
15 ☉□♄. ☉✱♆. ♃⊥♄. ♀ ♯ ♂.
16 ♀⊻♅. 17 ♄⊻♆.
18 ☿∠♀. ♂⊻♄. ♂☌♆.
19 ☉△♇. ☉ ∥ ☿. ♂ ∥ ♆.
20 ☿✱♃. 21 ☉☌☿.
22 ♂✱♇.
23 ☉✱♃. ☿⊥♀.
24 ☿✱♂. ♀✱♄. ♀⊻♆.
25 ☿△♇.
26 ☿⊻♀. ♂⊥♄. ♂∠♅.
27 ♀□♇. 28 ☉Q♆.
29 ♀⊥♆. ♂☌♃. ☿ ∥ ♅. ♂ ♯ ♃.
31 ♀⊻♃. ♄⊻♆. ♂ ∥ ♃.

LAST QUARTER–May 22,18h.43m. (1°♓39′)

NEW MOON – June29,02h.52m. (7°♋23′)

D M	D W	Sidereal Time	☉ Long.	☉ Dec.	☽ Long.	☽ Lat.	☽ Dec.	☽ Node	24h. ☽ Long.	24h. ☽ Dec.
		h m s	° ′ ″	° ′	° ′ ″	° ′	° ′	° ′	° ′ ″	° ′
1	W	4 39 49	10 ♊ 59 26	22 N05	3 ♋ 02 56	3 N25	26 N49	21 ♉ 31	8 ♋ 57 40	26 N56
2	Th	4 43 46	11 56 57	22 13	14 52 23	4 10	26 45	21 28	20 47 23	26 15
3	F	4 47 42	12 54 27	22 21	26 43 02	4 44	25 27	21 24	2 ♌ 39 42	24 22
4	S	4 51 39	13 51 56	22 28	8 ♌ 37 48	5 06	23 01	21 21	14 37 46	21 24
5	Su	4 55 36	14 49 24	22 34	20 40 02	5 14	19 34	21 18	26 45 07	17 30
6	M	4 59 32	15 46 50	22 41	2 ♍ 53 30	5 09	15 15	21 15	9 ♍ 05 41	12 48
7	T	5 03 29	16 44 15	22 47	15 22 12	4 49	10 13	21 12	21 43 32	7 28
8	W	5 07 25	17 41 39	22 52	28 10 10	4 15	4 N38	21 08	4 ♎ 42 34	1 N41
9	Th	5 11 22	18 39 02	22 57	11 ♎ 21 08	3 26	1 S20	21 05	18 06 09	4 S22
10	F	5 15 18	19 36 24	23 02	24 57 51	2 25	7 25	21 02	1 ♏ 56 21	10 26
11	S	5 19 15	20 33 45	23 06	9 ♏ 01 35	1 N12	13 22	20 59	16 13 22	16 09
12	Su	5 23 11	21 31 05	23 10	23 31 19	0 S07	18 46	20 56	0 ♐ 54 52	21 06
13	M	5 27 08	22 28 24	23 13	8 ♐ 23 14	1 27	23 08	20 53	15 55 31	24 47
14	T	5 31 05	23 25 42	23 16	23 30 36	2 42	25 59	20 49	1 ♑ 07 19	26 42
15	W	5 35 01	24 23 00	23 19	8 ♑ 44 21	3 47	26 55	20 46	16 20 26	26 38
16	Th	5 38 58	25 20 17	23 21	23 54 18	4 35	25 50	20 43	1 ♒ 24 47	24 35
17	F	5 42 54	26 17 33	23 23	8 ♒ 50 50	5 03	22 55	20 40	16 11 35	20 54
18	S	5 46 51	27 14 50	23 25	23 26 22	5 12	18 36	20 37	0 ♓ 34 42	16 04
19	Su	5 50 47	28 12 06	23 26	7 ♓ 36 16	5 00	13 21	20 34	14 31 00	10 31
20	M	5 54 44	29 ♊ 09 21	23 26	21 18 57	4 32	7 36	20 30	28 00 17	4 S39
21	T	5 58 40	0 ♋ 06 37	23 26	4 ♈ 35 19	3 49	1 S41	20 27	11 ♈ 04 28	1 N15
22	W	6 02 37	1 03 52	23 26	17 28 08	2 57	4 N08	20 24	23 46 52	6 57
23	Th	6 06 34	2 01 07	23 25	0 ♉ 01 08	1 57	9 40	20 21	6 ♉ 11 28	12 15
24	F	6 10 30	2 58 22	23 24	12 18 22	0 S52	14 42	20 18	18 22 20	16 59
25	S	6 14 27	3 55 37	23 23	24 23 51	0 N13	19 05	20 14	0 ♊ 23 20	20 58
26	Su	6 18 23	4 52 51	23 21	6 ♊ 21 11	1 17	22 38	20 11	12 17 47	24 03
27	M	6 22 20	5 50 06	23 19	18 13 28	2 17	25 12	20 08	24 08 32	26 03
28	T	6 26 16	6 47 21	23 16	0 ♋ 03 17	3 11	26 37	20 05	5 ♋ 57 57	26 53
29	W	6 30 13	7 44 35	23 13	11 52 46	3 56	26 50	20 02	17 47 58	26 28
30	Th	6 34 09	8 ♋ 41 49	23 N09	23 ♋ 43 46	4 N32	25 N49	19 ♉ 59	29 ♋ 40 23	24 N52

D M	Mercury Lat.	Mercury Dec.		Venus Lat.	Venus Dec.		Mars Lat.	Mars Dec.		Jupiter Lat.	Jupiter Dec.
	° ′	° ′	° ′	° ′	° ′	° ′	° ′	° ′	° ′	° ′	° ′
1	3 S 37	15 N47	15 N 39	2 S 00	11 N09	11 N33	1 S 45	0 N37	0 N 54	1 S 10	0 N27
3	3 50	15 33	15 29	1 59	11 56	12 19	1 46	1 11	1 28	1 11	0 34
5	3 58	15 27	15 28	1 58	12 42	13 05	1 46	1 46	2 03	1 11	0 40
7	4 02	15 30	15 34	1 57	13 27	13 50	1 47	2 20	2 37	1 12	0 47
9	4 01	15 41	15 49	1 56	14 11	14 33	1 47	2 54	3 11	1 12	0 53
11	3 57	15 59	16 10	1 54	14 54	15 15	1 48	3 28	3 45	1 12	1 00
13	3 49	16 23	16 38	1 52	15 36	15 56	1 48	4 01	4 18	1 13	1 05
15	3 38	16 54	17 10	1 49	16 16	16 35	1 48	4 35	4 51	1 13	1 11
17	3 25	17 29	17 47	1 47	16 55	17 13	1 49	5 08	5 24	1 14	1 17
19	3 08	18 07	18 28	1 44	17 32	17 50	1 49	5 41	5 57	1 14	1 22
21	2 50	18 49	19 10	1 40	18 07	18 24	1 49	6 13	6 29	1 15	1 27
23	2 30	19 32	19 54	1 37	18 41	18 57	1 49	6 45	7 01	1 16	1 31
25	2 08	20 16	20 38	1 33	19 13	19 29	1 49	7 17	7 33	1 16	1 36
27	1 45	20 59	21 20	1 29	19 43	19 58	1 49	7 49	8 04	1 17	1 40
29	1 21	21 41	22 N 00	1 25	20 12	20 N25	1 49	8 20	8 N 35	1 17	1 44
31	0 S 57	22 N19		1 S 21	20 N38		1 S 49	8 N50		1 S 18	1 N48

FIRST QUARTER – June 7,14h.48m. (16°♍51′)

FULL MOON–June14,11h.52m. (23°♐25′)

D	☿	♀	♂	♃	♄	♅	♆	♇	Lunar Aspects								
M	Long.	Long.	Long.	Long.	Long.	Long.	Long.	Long.	☉	☿	♀	♂	♃	♄	♅	♆	♇
	° ′	° ′	° ′	° ′	° ′	° ′	° ′	° ′									
1	26♉13	4♉33	5♈36	3♈49	25♒15	16♉20	25♓15	28♑21			✶	□	□		∠		
2	26R 07	5 44	6 20	3 58	25 15	16 23	25 16	28R 21	⚺	∠				⚼	✶		
3	26D 05	6 54	7 04	4 08	25 15	16 26	25 17	28 20	∠	✶						△	☍
4	26 08	8 05	7 49	4 17	25 15	16 29	25 17	28 19	✶		□	△	△			⚼	
5	26 16	9 15	8 33	4 26	25R 15	16 33	25 18	28 18		□		⚼	⚼	☍	□		
6	26 28	10 26	9 17	4 35	25 15	16 36	25 19	28 17									
7	26 44	11 37	10 01	4 44	25 15	16 39	25 20	28 16	□		△				△		⚼
8	27 05	12 48	10 45	4 52	25 15	16 42	25 20	28 15		△	⚼				⚼	☍	△
9	27 30	13 58	11 29	5 01	25 14	16 45	25 21	28 14		⚼		☍	☍	⚼			
10	28 00	15 09	12 13	5 09	25 14	16 48	25 21	28 13	△					△			□
11	28 34	16 20	12 57	5 17	25 13	16 51	25 22	28 12	⚼							⚼	
12	29 12	17 31	13 41	5 25	25 12	16 54	25 22	28 11		☍	☍	⚼	⚼	□	☍	△	✶
13	29♉54	18 42	14 25	5 33	25 12	16 57	25 23	28 10				△	△				∠
14	0♊40	19 53	15 09	5 41	25 11	17 00	25 23	28 09	☍					✶		□	⚺
15	1 30	21 04	15 52	5 49	25 10	17 03	25 24	28 07			⚼	□	□	∠	⚼		
16	2 24	22 15	16 36	5 57	25 09	17 06	25 24	28 06		⚼	△			⚺	△	✶	☌
17	3 21	23 26	17 20	6 04	25 07	17 09	25 25	28 05	⚼	△			✶			∠	
18	4 23	24 37	18 03	6 11	25 06	17 12	25 25	28 04	△		□	✶	∠	☌	□	⚺	⚺
19	5 28	25 49	18 46	6 18	25 05	17 14	25 25	28 03		□		∠	⚺				∠
20	6 37	27 00	19 30	6 25	25 03	17 17	25 26	28 02			✶	⚺		⚺	✶	☌	
21	7 49	28 11	20 13	6 32	25 02	17 20	25 26	28 00	□	✶			☌	∠	∠		✶
22	9 04	29♉23	20 56	6 39	25 00	17 23	25 26	27 59			∠	☌			⚺		
23	10 24	0♊34	21 39	6 45	24 59	17 25	25 26	27 58	✶	∠	⚺			✶		⚺	□
24	11 46	1 45	22 22	6 52	24 57	17 28	25 26	27 57		⚺			⚺		☌	∠	
25	13 12	2 57	23 05	6 58	24 55	17 31	25 26	27 55	∠			⚺	∠	□		✶	△
26	14 42	4 08	23 48	7 04	24 53	17 33	25 27	27 54	⚺		☌	∠	✶				
27	16 14	5 20	24 31	7 10	24 51	17 36	25 27	27 53		☌					⚺		⚼
28	17 50	6 32	25 14	7 15	24 49	17 38	25R 27	27 51				✶		△	∠	□	
29	19 29	7 43	25 57	7 21	24 46	17 41	25 27	27 50	☌		⚺		□	⚼	✶		
30	21♊12	8♊55	26♈39	7♈26	24♒44	17♉43	25♓26	27♑49		⚺	∠	□				△	☍

D	Saturn		Uranus		Neptune		Pluto	
M	Lat.	Dec.	Lat.	Dec.	Lat.	Dec.	Lat.	Dec.
	° ′	° ′	° ′	° ′	° ′	° ′	° ′	° ′
1	1S07	14S09	0S21	16N23	1S10	2S57	2S02	22S29
3	1 07	14 10	0 21	16 24	1 10	2 57	2 03	22 30
5	1 08	14 10	0 21	16 26	1 10	2 56	2 03	22 30
7	1 08	14 10	0 21	16 28	1 10	2 56	2 03	22 31
9	1 08	14 11	0 21	16 30	1 10	2 55	2 03	22 32
11	1 09	14 12	0 21	16 32	1 10	2 55	2 04	22 32
13	1 09	14 13	0 21	16 33	1 10	2 54	2 04	22 33
15	1 10	14 14	0 22	16 35	1 10	2 54	2 04	22 34
17	1 10	14 15	0 22	16 37	1 10	2 54	2 05	22 35
19	1 10	14 16	0 22	16 38	1 10	2 54	2 05	22 35
21	1 11	14 17	0 22	16 40	1 10	2 54	2 05	22 36
23	1 11	14 19	0 22	16 41	1 11	2 54	2 05	22 37
25	1 11	14 20	0 22	16 43	1 11	2 54	2 05	22 37
27	1 12	14 22	0 22	16 44	1 11	2 54	2 06	22 38
29	1 12	14 24	0 22	16 46	1 11	2 54	2 06	22 39
31	1S12	14S26	0S22	16N47	1S11	2S54	2S06	22S40

Mutual Aspects

3 ☉⊥♀. ☉⚼♇. ♀⚺♂. ♀Q♄. ☿Stat.
4 ☉#♇. ♄Stat.
6 ♀⊥♃. ♀∠♆.
7 ☉Q♃. ☉⚺♅. ♂∠♄. ♂Q♇.
8 ♂⊥♅.
9 ♀#♄. ♂#♆.
10 ☿△♇. 11 ♀☌♅.
13 ☉±♇.
14 ☉⊥♅. ☿∥♅.
15 ♀∠♃.
16 ☉△♄. ☉□♆. ♀∥♅.
17 ♀⊥♂. ♂⚺♅.
18 ♀□♄.
19 ☉▽♇. ♀✶♆.
20 ☿✶♃.
21 ☿Q♆. ♀△♇.
23 ☉∠♅. 25 ☿⚼♇.
27 ♂✶♄.
28 ☿⚺♅. ♂⚺♆. ♆Stat.
29 ☉⚺♀. ☉□♃. ☿Q♃. ♀✶♃. ♀Q♆.
30 ☉Q♂. ☿±♇.

LAST QUARTER–June21,03h.11m. (29°♓46′)

NEW MOON–July28,17h.55m. (5°♌39′)

D M	D W	Sidereal Time	☉ Long.	☉ Dec.	☽ Long.	☽ Lat.	☽ Dec.	☽ Node	24h. ☽ Long.	24h. ☽ Dec.
		h m s	° ′ ″	° ′	° ′ ″	° ′	° ′	° ′	° ′ ″	° ′
1	F	6 38 06	9 ♋ 39 03	23 N05	5 ♌ 38 03	4 N55	23 N38	19 ♉ 55	11 ♌ 36 59	22 N08
2	S	6 42 03	10 36 16	23 01	17 37 27	5 06	20 24	19 52	23 39 43	18 27
3	Su	6 45 59	11 33 29	22 56	29 44 07	5 03	16 17	19 49	5 ♍ 50 58	13 57
4	M	6 49 56	12 30 42	22 51	12 ♍ 00 38	4 47	11 28	19 46	18 13 31	8 50
5	T	6 53 52	13 27 55	22 45	24 30 02	4 16	6 06	19 43	0 ♎ 50 37	3 N16
6	W	6 57 49	14 25 07	22 39	7 ♎ 15 44	3 32	0 N22	19 40	13 45 48	2 S34
7	Th	7 01 45	15 22 20	22 33	20 21 17	2 37	5 S32	19 36	27 02 33	8 29
8	F	7 05 42	16 19 32	22 26	3 ♏ 49 57	1 31	11 22	19 33	10 ♏ 43 46	14 11
9	S	7 09 38	17 16 43	22 19	17 44 09	0 N17	16 51	19 30	24 51 07	19 19
10	Su	7 13 35	18 13 55	22 12	2 ♐ 04 31	0 S59	21 33	19 27	9 ♐ 24 03	23 27
11	M	7 17 32	19 11 07	22 04	16 49 10	2 14	25 00	19 24	24 19 09	26 07
12	T	7 21 28	20 08 19	21 56	1 ♑ 53 04	3 20	26 46	19 20	9 ♑ 29 48	26 54
13	W	7 25 25	21 05 30	21 47	17 08 04	4 14	26 32	19 17	24 46 31	25 39
14	Th	7 29 21	22 02 43	21 38	2 ♒ 23 45	4 49	24 19	19 14	9 ♒ 58 25	22 32
15	F	7 33 18	22 59 55	21 29	17 29 14	5 03	20 24	19 11	24 55 03	17 58
16	S	7 37 14	23 57 08	21 19	2 ♓ 14 57	4 57	15 18	19 08	9 ♓ 28 11	12 27
17	Su	7 41 11	24 54 21	21 09	16 34 17	4 32	9 29	19 05	23 32 58	6 27
18	M	7 45 07	25 51 35	20 58	0 ♈ 24 08	3 52	3 S24	19 01	7 ♈ 07 56	0 S21
19	T	7 49 04	26 48 49	20 48	13 44 38	3 01	2 N39	18 58	20 14 37	5 N34
20	W	7 53 01	27 46 05	20 36	26 38 23	2 01	8 23	18 55	2 ♉ 56 29	11 05
21	Th	7 56 57	28 43 21	20 25	9 ♉ 09 33	0 S58	13 38	18 52	15 18 11	16 01
22	F	8 00 54	29 ♋ 40 38	20 13	21 23 03	0 N07	18 13	18 49	27 24 45	20 13
23	S	8 04 50	0 ♌ 37 55	20 01	3 ♊ 23 54	1 10	21 59	18 46	9 ♊ 21 05	23 31
24	Su	8 08 47	1 35 14	19 48	15 16 50	2 10	24 47	18 42	21 11 39	25 46
25	M	8 12 43	2 32 33	19 35	27 05 59	3 03	26 27	18 39	3 ♋ 00 15	26 51
26	T	8 16 40	3 29 54	19 22	8 ♋ 54 48	3 48	26 56	18 36	14 49 56	26 43
27	W	8 20 36	4 27 14	19 09	20 45 57	4 24	26 11	18 33	26 43 05	25 21
28	Th	8 24 33	5 24 36	18 55	2 ♌ 41 30	4 48	24 14	18 30	8 ♌ 41 23	22 50
29	F	8 28 30	6 21 59	18 41	14 42 53	4 59	21 11	18 26	20 46 09	19 18
30	S	8 32 26	7 19 22	18 26	26 51 18	4 57	17 13	18 23	2 ♍ 58 28	14 56
31	Su	8 36 23	8 ♌ 16 45	18 N12	9 ♍ 07 49	4 N42	12 N30	18 ♉ 20	15 ♍ 19 31	9 N55

D M	Mercury Lat.	Mercury Dec.		Venus Lat.	Venus Dec.		Mars Lat.	Mars Dec.		Jupiter Lat.	Jupiter Dec.
	° ′	° ′	° ′	° ′	° ′	° ′	° ′	° ′	° ′	° ′	° ′
1	0 S57	22 N19	22 N36	1 S 21	20 N38	20 N50	1 S 49	8 N50	9 N 05	1 S 18	1 N48
3	0 32	22 51	23 05	1 17	21 02	21 13	1 49	9 20	9 35	1 18	1 51
5	0 S09	23 18	23 28	1 12	21 23	21 33	1 49	9 50	10 05	1 19	1 54
7	0 N14	23 36	23 42	1 07	21 43	21 52	1 48	10 19	10 34	1 19	1 57
9	0 35	23 45	23 45	1 02	22 00	22 08	1 48	10 48	11 03	1 20	1 59
11	0 54	23 43	23 38	0 57	22 15	22 21	1 48	11 17	11 31	1 21	2 02
13	1 11	23 30	23 20	0 52	22 27	22 32	1 47	11 44	11 58	1 21	2 04
15	1 24	23 07	22 51	0 47	22 37	22 41	1 47	12 12	12 25	1 22	2 05
17	1 35	22 33	22 12	0 42	22 44	22 47	1 46	12 39	12 52	1 22	2 07
19	1 42	21 49	21 24	0 36	22 49	22 51	1 46	13 05	13 18	1 23	2 08
21	1 46	20 57	20 28	0 31	22 51	22 51	1 45	13 30	13 43	1 24	2 08
23	1 48	19 57	19 25	0 26	22 51	22 50	1 44	13 56	14 08	1 24	2 09
25	1 47	18 51	18 17	0 20	22 48	22 45	1 44	14 20	14 32	1 25	2 09
27	1 43	17 40	17 03	0 15	22 42	22 38	1 43	14 44	14 56	1 25	2 09
29	1 37	16 25	15 N 47	0 09	22 34	22 N29	1 42	15 07	15 N 19	1 26	2 08
31	1 N29	15 N07		0 S 04	22 N23		1 S 41	15 N30		1 S 26	2 N08

FIRST QUARTER–July 7,02h.14m. (14°♎59′)

FULL MOON–July13,18h.38m. (21°♑21′)

D M	☿ Long.	♀ Long.	♂ Long.	♃ Long.	♄ Long.	♅ Long.	♆ Long.	♇ Long.	Lunar Aspects ☉	☿	♀	♂	♃	♄	♅	♆	♇
	° ′	° ′	° ′	° ′	° ′	° ′	° ′	° ′									
1	22♊57	10♊07	27♈22	7♈31	24♒42	17♉46	25♓26	27♑47	⚺	∠	⚹		△			⚼	
2	24 45	11 18	28 04	7 36	24R 39	17 48	25R 26	27R 46					⚼		□		
3	26 37	12 30	28 46	7 41	24 36	17 51	25 26	27 45	∠	⚹		△		☍			
4	28♊31	13 42	29♈28	7 46	24 34	17 53	25 26	27 43	⚹		□	⚼			△		⚼
5	0♋27	14 54	0♉10	7 50	24 31	17 55	25 26	27 42								☍	△
6	2 26	16 06	0 52	7 55	24 28	17 58	25 25	27 41		□			☍	⚼	⚼		
7	4 28	17 18	1 34	7 59	24 25	18 00	25 25	27 39	□		△			△			
8	6 31	18 30	2 16	8 03	24 22	18 02	25 25	27 38		△	⚼	☍				⚼	□
9	8 36	19 42	2 58	8 07	24 19	18 04	25 25	27 36	△	⚼			⚼	□	☍		
10	10 42	20 54	3 39	8 10	24 16	18 06	25 24	27 35	⚼				△			△	⚹
11	12 50	22 06	4 21	8 14	24 13	18 08	25 24	27 34			☍	⚼		⚹			∠
12	14 58	23 18	5 02	8 17	24 10	18 10	25 23	27 32				△	□	∠	⚼	□	⚺
13	17 07	24 30	5 43	8 20	24 06	18 12	25 23	27 31	☍	☍				⚺	△		
14	19 16	25 42	6 24	8 23	24 03	18 14	25 22	27 29				□	⚹			⚹	☌
15	21 26	26 55	7 05	8 26	24 00	18 16	25 22	27 28			⚼		∠	☌	□	∠	
16	23 34	28 07	7 46	8 28	23 56	18 18	25 21	27 26	⚼		△	⚹	⚺			⚺	⚺
17	25 43	29♊19	8 27	8 30	23 52	18 20	25 21	27 25		⚼					⚹		∠
18	27 50	0♋32	9 08	8 32	23 49	18 22	25 20	27 24	△	△	□	∠		⚺	∠	☌	⚹
19	29♋57	1 44	9 48	8 34	23 45	18 23	25 19	27 22				⚺	☌	∠	⚺		
20	2♌02	2 56	10 29	8 36	23 41	18 25	25 19	27 21	□					⚹		⚺	□
21	4 07	4 09	11 09	8 38	23 38	18 27	25 18	27 19		□	⚹	☌	⚺			∠	
22	6 10	5 21	11 49	8 39	23 34	18 28	25 17	27 18			∠		∠	□	☌	⚹	△
23	8 11	6 34	12 29	8 40	23 30	18 30	25 17	27 16	⚹	⚹	⚺		⚹				
24	10 11	7 47	13 09	8 41	23 26	18 31	25 16	27 15	∠			⚺				⚺	⚼
25	12 09	8 59	13 49	8 42	23 22	18 33	25 15	27 14		∠		∠		△		□	
26	14 06	10 12	14 29	8 43	23 18	18 34	25 14	27 12	⚺		☌	⚹	□	⚼	∠		
27	16 01	11 25	15 08	8 43	23 14	18 36	25 13	27 11		⚺					⚹	△	
28	17 54	12 37	15 48	8 43	23 09	18 37	25 12	27 09	☌								☍
29	19 46	13 50	16 27	8R 43	23 05	18 38	25 11	27 08		☌	⚺	□	△		□	⚼	
30	21 36	15 03	17 06	8 43	23 01	18 40	25 10	27 06			∠		⚼	☍			
31	23♌24	16♋16	17♉45	8♈42	22♒57	18♉41	25♓09	27♑05	⚺								⚼

D	Saturn		Uranus		Neptune		Pluto	
M	Lat.	Dec.	Lat.	Dec.	Lat.	Dec.	Lat.	Dec.
	° ′	° ′	° ′	° ′	° ′	° ′	° ′	° ′
1	1S12	14S26	0S22	16N47	1S11	2S54	2S06	22S40
3	1 13	14 28	0 22	16 48	1 11	2 54	2 06	22 41
5	1 13	14 30	0 22	16 50	1 11	2 54	2 07	22 41
7	1 13	14 32	0 22	16 51	1 11	2 55	2 07	22 42
9	1 14	14 34	0 22	16 52	1 11	2 55	2 07	22 43
11	1 14	14 37	0 22	16 53	1 11	2 55	2 07	22 44
13	1 14	14 39	0 22	16 54	1 12	2 56	2 07	22 44
15	1 15	14 42	0 22	16 55	1 12	2 56	2 08	22 45
17	1 15	14 44	0 22	16 56	1 12	2 57	2 08	22 46
19	1 15	14 47	0 22	16 57	1 12	2 57	2 08	22 47
21	1 16	14 50	0 22	16 58	1 12	2 58	2 08	22 47
23	1 16	14 53	0 22	16 59	1 12	2 59	2 08	22 48
25	1 16	14 56	0 22	17 00	1 12	2 59	2 09	22 49
27	1 16	14 59	0 22	17 01	1 12	3 00	2 09	22 50
29	1 17	15 02	0 22	17 01	1 12	3 01	2 09	22 50
31	1S17	15S05	0S22	17N02	1S12	3S02	2S09	22S51

Mutual Aspects

1 ☉⚼♄. ☿⊥♅.
2 ☿△♄. ☿□♆. ♂□♇. ☿#♇.
3 ♀⚼♇. ☉∥☿.
4 ☿∇♇. 5 ☿⚹♂.
6 ☿∠♅. ♀∠♂. ☉#♇.
7 ♂⊥♆. 8 ♀⚺♅.
9 ☿□♃. ☿⚼♄. ♀Q♃.
10 ☉±♄. ☉⚹♅. ☉∥♀.
11 ♀±♇.
13 ☿Q♂. ☿±♄. ♀△♄. ♀⊥♅.
14 ☿⚹♅. ♀□♆. ♂Q♄.
15 ♀∇♇.
16 ☉☌☿. ☉∇♄. ☿∇♄. ☿∥♀. ☿#♇.
17 ☉△♆. ☿△♆. ♂⚺♃.
18 ☿☍♇. ♀#♇.
19 ☿Q♅.
20 ☉☍♇. ♀∠♅. ♂∠♆.
21 ☿⚺♀. ♃∠♄.
23 ☉Q♅. ☿△♃. ☉∥☿.
24 ☿⚼♆.
25 ♀□♃. ♀⚼♄. ♀#♇.
26 ☿□♂. ♂⊥♃.
28 ☿□♅. ☿∥♅. ♂#♄. ♃Stat.
29 ☿⊥♀. ☿±♆.
31 ☉△♃. ☿⚼♃. ☿☍♄. ☿∥♂. ☿#♄.

LAST QUARTER–July20,14h.19m. (27°♈52′)

NEW MOON–Aug.27,08h.17m. (4°♍04′)

D M	D W	Sidereal Time	☉ Long.	☉ Dec.	☽ Long.	☽ Lat.	☽ Dec.	☽ Node	24h. ☽ Long.	24h. ☽ Dec.
		h m s	° ′ ″	° ′	° ′ ″	° ′	° ′	° ′	° ′ ″	° ′
1	M	8 40 19	9 ♌ 14 10	17 N57	21 ♍ 33 46	4 N13	7 N13	18 ♉ 17	27 ♍ 50 47	4 N25
2	T	8 44 16	10 11 35	17 41	4 ♎ 10 49	3 31	1 N34	18 14	10 ♎ 34 10	1 S20
3	W	8 48 12	11 09 01	17 26	17 01 08	2 38	4 S16	18 11	23 32 03	7 10
4	Th	8 52 09	12 06 27	17 10	0 ♏ 07 17	1 35	10 02	18 07	6 ♏ 47 09	12 49
5	F	8 56 05	13 03 54	16 54	13 32 01	0 N26	15 30	18 04	20 22 07	18 00
6	S	9 00 02	14 01 22	16 37	27 17 43	0 S47	20 19	18 01	4 ♐ 18 55	22 22
7	Su	9 03 59	14 58 50	16 20	11 ♐ 25 45	1 59	24 06	17 58	18 38 04	25 29
8	M	9 07 55	15 56 20	16 03	25 55 37	3 04	26 27	17 55	3 ♑ 17 52	26 57
9	T	9 11 52	16 53 50	15 46	10 ♑ 44 12	3 59	26 58	17 52	18 13 43	26 30
10	W	9 15 48	17 51 21	15 29	25 45 26	4 38	25 33	17 48	3 ♒ 18 10	24 07
11	Th	9 19 45	18 48 53	15 11	10 ♒ 50 41	4 58	22 17	17 45	18 21 42	20 05
12	F	9 23 41	19 46 26	14 53	25 49 58	4 57	17 34	17 42	3 ♓ 14 18	14 49
13	S	9 27 38	20 44 00	14 35	10 ♓ 33 40	4 37	11 52	17 39	17 47 13	8 49
14	Su	9 31 34	21 41 35	14 16	24 54 17	3 59	5 S41	17 36	1 ♈ 54 24	2 S32
15	M	9 35 31	22 39 12	13 58	8 ♈ 47 20	3 08	0 N36	17 32	15 33 02	3 N41
16	T	9 39 28	23 36 50	13 39	22 11 38	2 08	6 40	17 29	28 43 23	9 31
17	W	9 43 24	24 34 30	13 20	5 ♉ 08 44	1 S03	12 15	17 26	11 ♉ 28 09	14 48
18	Th	9 47 21	25 32 11	13 00	17 42 14	0 N03	17 09	17 23	23 51 36	19 18
19	F	9 51 17	26 29 54	12 41	29 56 54	1 07	21 14	17 20	5 ♊ 58 48	22 55
20	S	9 55 14	27 27 39	12 21	11 ♊ 58 00	2 07	24 20	17 17	17 55 08	25 28
21	Su	9 59 10	28 25 25	12 01	23 50 50	3 01	26 19	17 13	29 45 42	26 51
22	M	10 03 07	29 ♌ 23 13	11 41	5 ♋ 40 18	3 47	27 06	17 10	11 ♋ 35 08	27 01
23	T	10 07 03	0 ♍ 21 02	11 21	17 30 41	4 23	26 38	17 07	23 27 21	25 56
24	W	10 11 00	1 18 54	11 00	29 25 31	4 47	24 57	17 04	5 ♌ 25 27	23 41
25	Th	10 14 57	2 16 46	10 40	11 ♌ 27 26	5 00	22 08	17 01	17 31 38	20 21
26	F	10 18 53	3 14 41	10 19	23 38 14	4 58	18 20	16 57	29 47 19	16 06
27	S	10 22 50	4 12 36	9 58	5 ♍ 58 58	4 43	13 42	16 54	12 ♍ 13 14	11 08
28	Su	10 26 46	5 10 33	9 37	18 30 09	4 14	8 27	16 51	24 49 44	5 N39
29	M	10 30 43	6 08 32	9 15	1 ♎ 12 00	3 32	2 N46	16 48	7 ♎ 37 00	0 S09
30	T	10 34 39	7 06 32	8 54	14 04 46	2 39	3 S07	16 45	20 35 24	6 03
31	W	10 38 36	8 ♍ 04 34	8 N32	27 ♎ 08 59	1 N36	8 S58	16 ♉ 42	3 ♏ 45 38	11 S47

D M	Mercury Lat.	Mercury Dec.		Venus Lat.	Venus Dec.		Mars Lat.	Mars Dec.		Jupiter Lat.	Jupiter Dec.
	° ′	° ′	° ′	° ′	° ′	° ′	° ′	° ′	° ′	° ′	° ′
1	1 N24	14 N27	13 N 47	0 S 01	22 N16	22 N09	1 S 41	15 N41	15 N 52	1 S 27	2 N07
3	1 14	13 06	12 24	0 N 04	22 01	21 53	1 40	16 03	16 14	1 27	2 06
5	1 01	11 43	11 01	0 09	21 44	21 34	1 39	16 24	16 35	1 28	2 04
7	0 48	10 19	9 37	0 14	21 24	21 13	1 38	16 45	16 55	1 29	2 02
9	0 33	8 55	8 13	0 19	21 02	20 50	1 36	17 05	17 15	1 29	2 00
11	0 N17	7 32	6 50	0 24	20 37	20 24	1 35	17 24	17 34	1 30	1 58
13	0 00	6 09	5 28	0 29	20 10	19 55	1 34	17 43	17 52	1 30	1 55
15	0 S17	4 47	4 07	0 34	19 40	19 24	1 32	18 01	18 10	1 31	1 52
17	0 36	3 27	2 48	0 38	19 08	18 51	1 31	18 18	18 27	1 31	1 49
19	0 55	2 09	1 30	0 43	18 34	18 16	1 29	18 35	18 44	1 32	1 45
21	1 14	0 N53	0 N 16	0 47	17 58	17 39	1 28	18 52	18 59	1 32	1 41
23	1 33	0 S20	0 S 56	0 51	17 20	17 00	1 26	19 07	19 15	1 33	1 37
25	1 53	1 30	2 04	0 55	16 40	16 19	1 25	19 22	19 29	1 33	1 33
27	2 12	2 36	3 07	0 59	15 58	15 36	1 23	19 37	19 44	1 34	1 28
29	2 32	3 37	4 S 06	1 02	15 14	14 N51	1 21	19 50	19 N 57	1 34	1 23
31	2 S50	4 S33		1 N 05	14 N28		1 S 19	20 N04		1 S 34	1 N18

FIRST QUARTER–Aug. 5,11h.07m. (13°♏02′)

FULL MOON–Aug.12,01h.36m. (19°♒21′)

D M	☿ Long.	♀ Long.	♂ Long.	♃ Long.	♄ Long.	♅ Long.	♆ Long.	♇ Long.	☉	☿	♀	♂	♃	♄	♅	♆	♇
	° ′	° ′	° ′	° ′	° ′	° ′	° ′	° ′									
1	25♌11	17♋29	18♉23	8♈42	22♒53	18♉42	25♓08	27♑04	∠	⊻	✱	△			△	☍	△
2	26 56	18 42	19 02	8R 41	22R 48	18 43	25R 07	27R 02				⚼	☍	⚼	⚼		
3	28♌39	19 55	19 40	8 40	22 44	18 44	25 06	27 01	✱	∠	□			△			
4	0♍21	21 08	20 19	8 39	22 40	18 45	25 05	27 00		✱							□
5	2 01	22 21	20 57	8 37	22 35	18 46	25 04	26 58	□						☍	⚼	
6	3 40	23 34	21 35	8 36	22 31	18 47	25 03	26 57			△	☍	⚼	□		△	✱
7	5 17	24 47	22 12	8 34	22 26	18 48	25 02	26 55	△	□	⚼		△				∠
8	6 52	26 00	22 50	8 32	22 22	18 49	25 01	26 54	⚼					✱		□	⊻
9	8 25	27 14	23 27	8 30	22 17	18 50	24 59	26 53		△		⚼	□	∠	⚼		
10	9 57	28 27	24 05	8 27	22 13	18 50	24 58	26 51		⚼	☍	△		⊻	△	✱	☌
11	11 28	29♋40	24 42	8 25	22 08	18 51	24 57	26 50					✱			∠	
12	12 56	0♌53	25 18	8 22	22 04	18 52	24 56	26 49	☍			□	∠	☌	□	⊻	⊻
13	14 23	2 07	25 55	8 19	21 59	18 52	24 54	26 48		☍	⚼		⊻				∠
14	15 49	3 20	26 31	8 16	21 55	18 53	24 53	26 46				✱		⊻	✱	☌	✱
15	17 12	4 34	27 08	8 13	21 50	18 53	24 52	26 45	⚼		△	∠	☌	∠	∠		
16	18 34	5 47	27 44	8 09	21 46	18 54	24 50	26 44	△			⊻		✱	⊻	⊻	□
17	19 54	7 01	28 20	8 05	21 41	18 54	24 49	26 43		⚼	□		⊻			∠	
18	21 13	8 14	28 55	8 01	21 37	18 54	24 48	26 41		△			∠	□	☌		
19	22 29	9 28	29♉31	7 57	21 33	18 55	24 46	26 40	□			☌				✱	△
20	23 44	10 41	0♊06	7 53	21 28	18 55	24 45	26 39			✱		✱				⚼
21	24 57	11 55	0 41	7 49	21 24	18 55	24 44	26 38	✱	□	∠			△	⊻	□	
22	26 07	13 09	1 16	7 44	21 19	18 55	24 42	26 37				⊻	□	⚼	∠		
23	27 16	14 23	1 50	7 39	21 15	18 55	24 41	26 35	∠		⊻	∠			✱		
24	28 22	15 36	2 25	7 35	21 10	18 55	24 39	26 34	⊻	✱		✱				△	☍
25	29♍26	16 50	2 59	7 29	21 06	18R 55	24 38	26 33		∠	☌		△			⚼	
26	0♎28	18 04	3 32	7 24	21 02	18 55	24 36	26 32					⚼	☍	□		
27	1 27	19 18	4 06	7 19	20 57	18 55	24 35	26 31	☌	⊻		□					⚼
28	2 23	20 32	4 39	7 13	20 53	18 55	24 33	26 30			⊻				△	☍	
29	3 17	21 46	5 12	7 07	20 49	18 55	24 32	26 29	⊻	☌	∠	△	☍	⚼	⚼		△
30	4 07	23 00	5 45	7 02	20 44	18 54	24 30	26 28									
31	4♎54	24♌14	6♊17	6♈56	20♒40	18♉54	24♓28	26♑27	∠		✱	⚼		△			□

D M	Saturn Lat.	Saturn Dec.	Uranus Lat.	Uranus Dec.	Neptune Lat.	Neptune Dec.	Pluto Lat.	Pluto Dec.
	° ′	° ′	° ′	° ′	° ′	° ′	° ′	° ′
1	1S17	15S06	0S22	17N02	1S12	3S02	2S09	22S51
3	1 17	15 09	0 22	17 03	1 12	3 03	2 09	22 52
5	1 17	15 12	0 22	17 03	1 12	3 04	2 09	22 53
7	1 18	15 15	0 22	17 04	1 13	3 05	2 10	22 53
9	1 18	15 18	0 22	17 04	1 13	3 06	2 10	22 54
11	1 18	15 21	0 22	17 05	1 13	3 07	2 10	22 55
13	1 18	15 25	0 22	17 05	1 13	3 08	2 10	22 55
15	1 18	15 28	0 22	17 05	1 13	3 09	2 10	22 56
17	1 18	15 31	0 22	17 05	1 13	3 10	2 10	22 57
19	1 19	15 34	0 22	17 05	1 13	3 12	2 10	22 57
21	1 19	15 37	0 22	17 06	1 13	3 13	2 10	22 58
23	1 19	15 40	0 22	17 06	1 13	3 14	2 11	22 58
25	1 19	15 43	0 22	17 06	1 13	3 15	2 11	22 59
27	1 19	15 45	0 22	17 06	1 13	3 16	2 11	22 59
29	1 19	15 48	0 22	17 05	1 13	3 18	2 11	23 00
31	1S19	15S51	0S22	17N05	1S13	3S19	2S11	23S00

Mutual Aspects

1 ☿∇♆. ♀±♄. ♂☌♅.
2 ☉⚼♆. ☿∇♇. ♀✱♅.
3 ♀✱♂. 4 ☉∥♅.
5 ☿±♃. ♀∇♄.
6 ☿±♇. ☉∥♂.
7 ♀△♆. ♂□♄.
9 ☿∇♃. ♀☍♇. ♂∠♃. ♂∥♅.
10 ☉#♄.
11 ☉□♅. ☉±♆. ☿⚼♇. ♂✱♆.
12 ♀Q♅.
14 ☉☍♄. ♂△♇.
16 ☉⚼♃. ☿△♅.
17 ☉∇♆. ☿#♆.
18 ☿∇♄. ♀△♃.
19 ☉∇♇. ♀⚼♆. ♀∥♂.
20 ☿∥♃. 21 ☿☍♆.
22 ☿△♇. ♀Q♂.
23 ☿±♄.
24 ☉±♃. ♀∥♅. ♅Stat.
25 ☉±♇. ☿#♃.
26 ♀±♆.
27 ☉□♂. ♀□♅.
28 ♀☍♄. ☿∥♆. ♀#♄.
29 ♀⚼♃.
30 ☉∇♃. ☿⚼♅.
31 ♀∇♆. ♂Q♆.

LAST QUARTER–Aug.19,04h.36m. (26°♉12′)

NEW MOON – Sep.25,21h.55m. (2°♎49′)

D M	D W	Sidereal Time	☉ Long.	☉ Dec.	☽ Long.	☽ Lat.	☽ Dec.	☽ Node	24h. ☽ Long.	24h. ☽ Dec.
		h m s	° ′ ″	° ′	° ′ ″	° ′	° ′	° ′	° ′ ″	° ′
1	Th	10 42 32	9 ♍ 02 37	8 N11	10 ♏ 25 31	0 N27	14 S31	16 ♉ 38	17 ♏ 08 47	17 S05
2	F	10 46 29	10 00 42	7 49	23 55 37	0 S44	19 28	16 35	0 ♐ 46 08	21 37
3	S	10 50 26	10 58 47	7 27	7 ♐ 40 30	1 55	23 29	16 32	14 38 47	25 01
4	Su	10 54 22	11 56 55	7 05	21 41 01	3 00	26 10	16 29	28 47 07	26 55
5	M	10 58 19	12 55 03	6 43	5 ♑ 56 55	3 55	27 13	16 26	13 ♑ 10 07	27 03
6	T	11 02 15	13 53 14	6 20	20 26 17	4 36	26 26	16 23	27 44 52	25 21
7	W	11 06 12	14 51 25	5 58	5 ♒ 05 11	4 59	23 50	16 19	12 ♒ 26 23	21 55
8	Th	11 10 08	15 49 38	5 35	19 47 36	5 03	19 40	16 16	27 07 53	17 07
9	F	11 14 05	16 47 53	5 13	4 ♓ 26 15	4 47	14 20	16 13	11 ♓ 41 45	11 22
10	S	11 18 01	17 46 09	4 50	18 53 30	4 13	8 16	16 10	26 00 44	5 S06
11	Su	11 21 58	18 44 27	4 27	3 ♈ 02 46	3 24	1 S54	16 07	9 ♈ 59 08	1 N17
12	M	11 25 55	19 42 47	4 04	16 49 27	2 23	4 N24	16 03	23 33 34	7 26
13	T	11 29 51	20 41 09	3 41	0 ♉ 11 25	1 17	10 20	16 00	6 ♉ 43 07	13 05
14	W	11 33 48	21 39 33	3 18	13 08 55	0 S08	15 39	15 57	19 29 09	18 01
15	Th	11 37 44	22 37 59	2 55	25 44 17	0 N59	20 09	15 54	1 ♊ 54 47	22 02
16	F	11 41 41	23 36 28	2 32	8 ♊ 01 15	2 02	23 40	15 51	14 04 17	25 00
17	S	11 45 37	24 34 58	2 09	20 04 30	2 59	26 02	15 48	26 02 34	26 47
18	Su	11 49 34	25 33 31	1 46	1 ♋ 59 08	3 47	27 12	15 44	7 ♋ 54 49	27 19
19	M	11 53 30	26 32 06	1 23	13 50 15	4 25	27 07	15 41	19 46 02	26 36
20	T	11 57 27	27 30 43	0 59	25 42 43	4 52	25 46	15 38	1 ♌ 40 50	24 40
21	W	12 01 24	28 29 22	0 36	7 ♌ 40 51	5 06	23 16	15 35	13 43 12	21 37
22	Th	12 05 20	29 ♍ 28 03	0 N13	19 48 15	5 07	19 43	15 32	25 56 17	17 36
23	F	12 09 17	0 ♎ 26 46	0 S11	2 ♍ 07 34	4 53	15 17	15 29	8 ♍ 22 15	12 46
24	S	12 13 13	1 25 32	0 34	14 40 29	4 26	10 07	15 25	21 02 18	7 20
25	Su	12 17 10	2 24 19	0 57	27 27 41	3 44	4 N26	15 22	3 ♎ 56 37	1 N29
26	M	12 21 06	3 23 08	1 21	10 ♎ 29 00	2 51	1 S32	15 19	17 04 42	4 S33
27	T	12 25 03	4 22 00	1 44	23 43 34	1 47	7 33	15 16	0 ♏ 25 27	10 30
28	W	12 28 59	5 20 53	2 07	7 ♏ 10 12	0 N36	13 20	15 13	13 57 40	16 03
29	Th	12 32 56	6 19 48	2 31	20 47 40	0 S38	18 34	15 09	27 40 05	20 51
30	F	12 36 53	7 ♎ 18 45	2 S54	4 ♐ 34 48	1 S51	22 S52	15 ♉ 06	11 ♐ 31 42	24 S34

D M	Mercury Lat.	Mercury Dec.		Venus Lat.	Venus Dec.		Mars Lat.	Mars Dec.		Jupiter Lat.	Jupiter Dec.
	° ′	° ′	° ′	° ′	° ′	° ′	° ′	° ′	° ′	° ′	° ′
1	2 S59	4 S59	5 S 23	1 N 07	14 N05	13 N41	1 S 18	20 N10	20 N 16	1 S 35	1 N16
3	3 17	5 45	6 05	1 10	13 17	12 52	1 16	20 22	20 28	1 35	1 10
5	3 33	6 23	6 39	1 13	12 28	12 02	1 14	20 34	20 40	1 35	1 05
7	3 46	6 52	7 03	1 15	11 37	11 11	1 12	20 46	20 51	1 36	0 59
9	3 58	7 10	7 15	1 17	10 45	10 18	1 09	20 56	21 02	1 36	0 53
11	4 06	7 16	7 13	1 19	9 51	9 24	1 07	21 07	21 12	1 36	0 47
13	4 09	7 07	6 57	1 21	8 57	8 29	1 04	21 17	21 21	1 36	0 41
15	4 07	6 43	6 24	1 22	8 02	7 34	1 02	21 26	21 30	1 37	0 35
17	3 59	6 02	5 35	1 24	7 05	6 37	0 59	21 35	21 39	1 37	0 29
19	3 43	5 05	4 31	1 25	6 08	5 39	0 56	21 43	21 48	1 37	0 22
21	3 19	3 54	3 15	1 25	5 10	4 41	0 54	21 52	21 55	1 37	0 16
23	2 48	2 34	1 53	1 26	4 12	3 42	0 51	21 59	22 03	1 37	0 09
25	2 12	1 S12	0 S 31	1 26	3 13	2 43	0 48	22 07	22 10	1 37	0 N03
27	1 32	0 N07	0 N 42	1 26	2 13	1 43	0 44	22 14	22 17	1 37	0 S03
29	0 52	1 14	1 N 42	1 26	1 13	0 N43	0 41	22 21	22 N 24	1 37	0 10
31	0 S13	2 N05		1 N 25	0 N13		0 S 38	22 N27		1 S 37	0 S16

FIRST QUARTER – Sep. 3,18h.08m. (11°♐14′)

FULL MOON–Sep.10,09h.59m. (17°♓41′)

D	☿	♀	♂	♃	♄	♅	♆	♇	Lunar Aspects								
M	Long.	Long.	Long.	Long.	Long.	Long.	Long.	Long.	☉	☿	♀	♂	♃	♄	♅	♆	♇
	° ′	° ′	° ′	° ′	° ′	° ′	° ′	° ′									
1	5♎38	25♌28	6♊50	6♈49	20♒36	18♉54	24♓27	26♑26	✱	⚺						⚼	
2	6 18	26 42	7 22	6R 43	20R 32	18R 53	24R 25	26R 25		∠	□		⚼	□	☍	△	✱
3	6 54	27 56	7 53	6 37	20 28	18 53	24 24	26 24	□	✱		☍	△				∠
4	7 26	29♌10	8 25	6 30	20 24	18 52	24 22	26 23						✱		□	⚺
5	7 54	0♍24	8 56	6 24	20 20	18 52	24 20	26 22		□	△		□	∠	⚼		
6	8 17	1 39	9 26	6 17	20 16	18 51	24 19	26 21	△		⚼	⚼		⚺	△	✱	☌
7	8 35	2 53	9 57	6 10	20 12	18 50	24 17	26 21	⚼	△		△	✱			∠	
8	8 47	4 07	10 27	6 03	20 08	18 50	24 16	26 20		⚼			∠	☌	□	⚺	⚺
9	8 54	5 21	10 57	5 56	20 04	18 49	24 14	26 19			☍	□	⚺				∠
10	8R 55	6 36	11 26	5 49	20 01	18 48	24 12	26 18	☍					⚺	✱	☌	
11	8 50	7 50	11 55	5 41	19 57	18 47	24 11	26 17		☍			☌	∠	∠		✱
12	8 38	9 04	12 24	5 34	19 53	18 46	24 09	26 17				✱		✱	⚺		
13	8 20	10 19	12 53	5 26	19 50	18 45	24 07	26 16	⚼		⚼	∠	⚺			⚺	□
14	7 54	11 33	13 21	5 19	19 46	18 44	24 06	26 15			△	⚺			☌	∠	
15	7 22	12 48	13 48	5 11	19 43	18 43	24 04	26 15	△	⚼			∠	□		✱	△
16	6 44	14 02	14 16	5 04	19 40	18 42	24 02	26 14		△			✱				⚼
17	5 59	15 17	14 43	4 56	19 36	18 41	24 01	26 13	□		□	☌		△	⚺	□	
18	5 08	16 31	15 09	4 48	19 33	18 40	23 59	26 13		□			□	⚼	∠		
19	4 13	17 46	15 35	4 40	19 30	18 39	23 57	26 12			✱	⚺			✱		
20	3 13	19 01	16 01	4 32	19 27	18 38	23 56	26 12	✱			∠				△	☍
21	2 10	20 15	16 27	4 24	19 24	18 36	23 54	26 11		✱	∠		△			⚼	
22	1 05	21 30	16 52	4 16	19 21	18 35	23 52	26 11	∠	∠	⚺	✱	⚼	☍	□		
23	0♎00	22 44	17 16	4 08	19 18	18 34	23 51	26 10	⚺	⚺							
24	28♍57	23 59	17 40	4 00	19 16	18 32	23 49	26 10				□			△		⚼
25	27 56	25 14	18 04	3 52	19 13	18 31	23 48	26 10	☌	☌	☌		☍		⚼	☍	△
26	27 00	26 29	18 27	3 44	19 10	18 29	23 46	26 09						⚼			
27	26 11	27 43	18 49	3 36	19 08	18 28	23 44	26 09		⚺	⚺	△		△			□
28	25 28	28♍58	19 12	3 28	19 05	18 26	23 43	26 09	⚺	∠		⚼				⚼	
29	24 55	0♎13	19 33	3 20	19 03	18 24	23 41	26 08	∠	✱	∠		⚼	□	☍	△	✱
30	24♍30	1♎28	19♊54	3♈12	19♒01	18♉23	23♓39	26♑08	✱		✱		△				∠

D	Saturn		Uranus		Neptune		Pluto	
M	Lat.	Dec.	Lat.	Dec.	Lat.	Dec.	Lat.	Dec.
	° ′	° ′	° ′	° ′	° ′	° ′	° ′	° ′
1	1S19	15S52	0S22	17N05	1S13	3S20	2S11	23S00
3	1 19	15 55	0 22	17 05	1 13	3 21	2 11	23 01
5	1 19	15 58	0 22	17 05	1 13	3 22	2 11	23 01
7	1 19	16 00	0 22	17 04	1 13	3 23	2 11	23 02
9	1 19	16 03	0 22	17 04	1 13	3 25	2 11	23 02
11	1 19	16 05	0 22	17 03	1 13	3 26	2 11	23 03
13	1 19	16 07	0 22	17 03	1 13	3 27	2 11	23 03
15	1 19	16 09	0 22	17 02	1 13	3 29	2 11	23 03
17	1 19	16 12	0 22	17 02	1 13	3 30	2 12	23 03
19	1 19	16 13	0 22	17 01	1 13	3 31	2 12	23 04
21	1 19	16 15	0 22	17 00	1 13	3 33	2 12	23 04
23	1 19	16 17	0 22	16 59	1 13	3 34	2 12	23 04
25	1 19	16 19	0 22	16 59	1 13	3 35	2 12	23 04
27	1 19	16 20	0 22	16 58	1 13	3 37	2 12	23 05
29	1 19	16 22	0 22	16 57	1 13	3 38	2 12	23 05
31	1S19	16S23	0S22	16N56	1S13	3S39	2S12	23S05

Mutual Aspects

1 ☿⚼♄. ♂✱♃.
2 ♀⊽♇.
3 ☉⚼♇. ☿☍♃.
5 ♀±♃.
6 ☉#☿.
7 ☿⊥♀. ♀±♇.
9 ♀⊽♃.
10 ♂⚼♇. ☿Stat.
11 ☉△♅.
12 ☉⊽♄. ☿⚺♀.
14 ♀⚼♇. ☉#♆.
16 ☉☍♆. ♀□♂.
18 ☉±♄. ☿☍♃.
19 ☉△♇. ☿⚼♄.
20 ☿⚼♅. ♀⊽♄. ♀△♅.
21 ♂Q♃. ♃∠♄.
22 ☉‖♃. ☿‖♆.
23 ☉☌☿. ☉#♃.
24 ♀☍♆. ♀#♆.
25 ♀±♄. ☉‖☿.
26 ☉☍♃. ☉⚼♅. ☿☌♀. ♀△♇. ♂⚺♅.
27 ☉⚼♄. ☿△♇. ☿‖♃. ☿#♃.
28 ♂△♄. ♃∠♅. ☉#♀.
29 ☿±♄. ☿‖♀.

LAST QUARTER–Sep.17,21h.52m. (24°♊59′)

NEW MOON – Oct.25,10h.49m. (2° ♏ 00′)

D M	D W	Sidereal Time	☉ Long.	☉ Dec.	☽ Long.	☽ Lat.	☽ Dec.	☽ Node	24h. ☽ Long.	24h. ☽ Dec.
		h m s	° ′ ″	° ′	° ′ ″	° ′	° ′	° ′	° ′ ″	° ′
1	S	12 40 49	8 ♎ 17 44	3 S 17	18 ♐ 30 38	2 S 58	25 S 54	15 ♉ 03	25 ♐ 31 32	26 S 49
2	Su	12 44 46	9 16 45	3 41	2 ♑ 34 13	3 55	27 20	15 00	9 ♑ 38 34	27 23
3	M	12 48 42	10 15 47	4 04	16 44 21	4 38	26 59	14 57	23 51 20	26 09
4	T	12 52 39	11 14 51	4 27	0 ♒ 59 15	5 04	24 53	14 54	8 ♒ 07 43	23 14
5	W	12 56 35	12 13 57	4 50	15 16 20	5 12	21 13	14 50	22 24 39	18 54
6	Th	13 00 32	13 13 04	5 13	29 32 10	5 00	16 19	14 47	6 ♓ 38 19	13 31
7	F	13 04 28	14 12 14	5 36	13 ♓ 42 34	4 30	10 34	14 44	20 44 21	7 29
8	S	13 08 25	15 11 25	5 59	27 43 08	3 45	4 S 20	14 41	4 ♈ 38 25	1 S 10
9	Su	13 12 22	16 10 38	6 22	11 ♈ 29 46	2 46	2 N 00	14 38	18 16 49	5 N 06
10	M	13 16 18	17 09 53	6 44	24 59 18	1 40	8 08	14 35	1 ♉ 36 59	11 02
11	T	13 20 15	18 09 10	7 07	8 ♉ 09 49	0 S 29	13 46	14 31	14 37 46	16 20
12	W	13 24 11	19 08 29	7 30	21 00 55	0 N 41	18 41	14 28	27 19 29	20 47
13	Th	13 28 08	20 07 51	7 52	3 ♊ 33 43	1 48	22 38	14 25	9 ♊ 43 56	24 13
14	F	13 32 04	21 07 14	8 14	15 50 33	2 49	25 29	14 22	21 54 01	26 27
15	S	13 36 01	22 06 41	8 37	27 54 51	3 41	27 06	14 19	3 ♋ 53 34	27 26
16	Su	13 39 57	23 06 09	8 59	9 ♋ 50 45	4 23	27 26	14 15	15 47 00	27 08
17	M	13 43 54	24 05 40	9 21	21 42 54	4 53	26 30	14 12	27 39 03	25 35
18	T	13 47 51	25 05 12	9 43	3 ♌ 36 04	5 11	24 23	14 09	9 ♌ 34 32	22 54
19	W	13 51 47	26 04 48	10 04	15 35 01	5 15	21 10	14 06	21 38 04	19 13
20	Th	13 55 44	27 04 25	10 26	27 44 11	5 06	17 02	14 03	3 ♍ 53 49	14 40
21	F	13 59 40	28 04 04	10 47	10 ♍ 07 22	4 42	12 07	14 00	16 25 10	9 26
22	S	14 03 37	29 ♎ 03 46	11 08	22 47 30	4 04	6 36	13 56	29 14 32	3 N 40
23	Su	14 07 33	0 ♏ 03 30	11 30	5 ♎ 46 24	3 13	0 N 40	13 53	12 ♎ 23 05	2 S 23
24	M	14 11 30	1 03 16	11 50	19 04 31	2 10	5 S 27	13 50	25 50 33	8 30
25	T	14 15 26	2 03 04	12 11	2 ♏ 40 57	0 N 59	11 29	13 47	9 ♏ 35 22	14 21
26	W	14 19 23	3 02 54	12 32	16 33 25	0 S 18	17 04	13 44	23 34 40	19 35
27	Th	14 23 20	4 02 46	12 52	0 ♐ 38 39	1 34	21 49	13 40	7 ♐ 44 50	23 45
28	F	14 27 16	5 02 40	13 12	14 52 42	2 46	25 20	13 37	22 01 44	26 30
29	S	14 31 13	6 02 36	13 32	29 11 26	3 47	27 14	13 34	6 ♑ 21 20	27 30
30	Su	14 35 09	7 02 33	13 52	13 ♑ 30 58	4 35	27 19	13 31	20 39 57	26 40
31	M	14 39 06	8 ♏ 02 32	14 S 11	27 ♑ 47 54	5 S 05	25 S 35	13 ♉ 28	4 ♒ 54 30	24 S 06

D M	Mercury Lat.	Mercury Dec.		Venus Lat.	Venus Dec.		Mars Lat.	Mars Dec.		Jupiter Lat.	Jupiter Dec.
	° ′	° ′	° ′	° ′	° ′	° ′	° ′	° ′	° ′	° ′	° ′
1	0 S 13	2 N 05	2 N 23	1 N 25	0 N 13	0 S 17	0 S 38	22 N 27	22 N 30	1 S 37	0 S 16
3	0 N 22	2 36	2 44	1 24	0 S 47	1 17	0 34	22 33	22 37	1 37	0 22
5	0 52	2 46	2 44	1 23	1 47	2 17	0 31	22 40	22 43	1 37	0 28
7	1 16	2 36	2 24	1 22	2 47	3 17	0 27	22 45	22 48	1 37	0 34
9	1 35	2 08	1 48	1 20	3 47	4 17	0 23	22 51	22 54	1 37	0 40
11	1 48	1 24	0 N 57	1 18	4 47	5 17	0 19	22 57	23 00	1 37	0 46
13	1 56	0 N 27	0 S 05	1 16	5 47	6 16	0 15	23 02	23 05	1 36	0 52
15	2 00	0 S 40	1 16	1 14	6 45	7 15	0 10	23 08	23 11	1 36	0 57
17	2 00	1 54	2 33	1 11	7 44	8 13	0 06	23 13	23 16	1 36	1 02
19	1 57	3 13	3 54	1 08	8 42	9 10	0 S 01	23 19	23 21	1 36	1 07
21	1 51	4 35	5 17	1 05	9 39	10 07	0 N 03	23 24	23 27	1 35	1 12
23	1 43	5 59	6 41	1 02	10 35	11 02	0 08	23 29	23 32	1 35	1 17
25	1 34	7 23	8 05	0 59	11 30	11 57	0 13	23 35	23 37	1 35	1 21
27	1 24	8 47	9 29	0 55	12 24	12 50	0 18	23 40	23 43	1 34	1 25
29	1 12	10 10	10 S 51	0 51	13 17	13 S 43	0 24	23 46	23 N 48	1 34	1 29
31	1 N 00	11 S 31		0 N 48	14 S 08		0 N 29	23 N 51		1 S 33	1 S 32

FIRST QUARTER – Oct. 3,00h.14m. (9° ♑ 47′)

FULL MOON – Oct. 9,20h.55m. (16°♈33′)

D M	☿ Long.	♀ Long.	♂ Long.	♃ Long.	♄ Long.	♅ Long.	♆ Long.	♇ Long.	☉	☿	♀	♂	♃	♄	♅	♆	♇
	° ′	° ′	° ′	° ′	° ′	° ′	° ′	° ′	Lunar Aspects								
1	24♍16	2♎43	20♊15	3♈04	18♒59	18♉21	23♓38	26♑08		□		☍		⚹		□	
2	24D 12	3 58	20 35	2R 56	18R 57	18R 19	23R 36	26R 08			□		□	∠	⚼		⚺
3	24 18	5 12	20 55	2 48	18 55	18 17	23 35	26 07	□					⚺	△	⚹	
4	24 35	6 27	21 14	2 40	18 53	18 16	23 33	26 07		△	△	⚼	⚹				☌
5	25 02	7 42	21 32	2 33	18 51	18 14	23 32	26 07	△	⚼		△	∠	☌	□	∠	
6	25 38	8 57	21 50	2 25	18 49	18 12	23 30	26 07	⚼		⚼		⚺			⚺	⚺
7	26 23	10 12	22 08	2 17	18 48	18 10	23 29	26 07						⚺	⚹		∠
8	27 16	11 27	22 24	2 09	18 46	18 08	23 27	26 07		☍		□	☌	∠	∠	☌	⚹
9	28 17	12 42	22 40	2 02	18 45	18 06	23 25	26D 07	☍		☍				⚺		
10	29♍24	13 57	22 56	1 54	18 43	18 04	23 24	26 07				⚹		⚹		⚺	□
11	0♎38	15 12	23 11	1 47	18 42	18 02	23 23	26 07				∠	⚺			∠	
12	1 56	16 27	23 25	1 40	18 41	18 00	23 21	26 07		⚼		⚺	∠	□	☌	⚹	△
13	3 20	17 42	23 39	1 32	18 40	17 58	23 20	26 07	⚼	△	⚼		⚹				
14	4 46	18 57	23 52	1 25	18 39	17 56	23 18	26 07	△		△			△	⚺		⚼
15	6 17	20 12	24 04	1 18	18 38	17 54	23 17	26 08				☌	□	⚼	∠	□	
16	7 50	21 27	24 15	1 11	18 38	17 51	23 15	26 08		□							
17	9 25	22 42	24 26	1 04	18 37	17 49	23 14	26 08	□		□	⚺			⚹	△	☍
18	11 02	23 57	24 36	0 58	18 36	17 47	23 13	26 08					△			⚼	
19	12 40	25 12	24 46	0 51	18 36	17 45	23 11	26 09		⚹		∠	⚼	☍	□		
20	14 19	26 28	24 55	0 45	18 36	17 43	23 10	26 09	⚹	∠	⚹	⚹					
21	16 00	27 43	25 02	0 39	18 35	17 40	23 09	26 09	∠		∠						⚼
22	17 41	28♎58	25 09	0 32	18 35	17 38	23 07	26 10		⚺		□			△	☍	△
23	19 22	0♏13	25 16	0 26	18D 35	17 36	23 06	26 10	⚺		⚺		☍	⚼	⚼		
24	21 03	1 28	25 21	0 20	18 35	17 33	23 05	26 11		☌		△		△			
25	22 45	2 43	25 26	0 15	18 36	17 31	23 04	26 11	☌		☌					⚼	□
26	24 26	3 58	25 30	0 09	18 36	17 29	23 03	26 12				⚼	⚼	□	☍	△	
27	26 07	5 14	25 33	0♈04	18 36	17 26	23 01	26 12	⚺	⚺	⚺		△				⚹
28	27 48	6 29	25 35	29♓59	18 37	17 24	23 00	26 13	∠	∠				⚹			∠
29	29♎29	7 44	25 36	29 53	18 37	17 21	22 59	26 13		⚹	∠	☍	□	∠	⚼	□	⚺
30	1♏10	8 59	25 37	29 49	18 38	17 19	22 58	26 14	⚹		⚹			⚺	△		
31	2♏50	10♏14	25♊36	29♓44	18♒39	17♉16	22♓57	26♑14		□			⚹			⚹	☌

D M	Saturn Lat.	Saturn Dec.	Uranus Lat.	Uranus Dec.	Neptune Lat.	Neptune Dec.	Pluto Lat.	Pluto Dec.
	° ′	° ′	° ′	° ′	° ′	° ′	° ′	° ′
1	1S19	16S23	0S22	16N56	1S13	3S39	2S12	23S05
3	1 19	16 24	0 22	16 55	1 13	3 40	2 12	23 05
5	1 19	16 25	0 22	16 54	1 13	3 42	2 12	23 05
7	1 19	16 26	0 22	16 53	1 13	3 43	2 12	23 05
9	1 19	16 27	0 22	16 52	1 13	3 44	2 12	23 05
11	1 19	16 28	0 22	16 51	1 13	3 45	2 12	23 05
13	1 19	16 28	0 22	16 49	1 13	3 46	2 12	23 05
15	1 18	16 29	0 22	16 48	1 13	3 47	2 12	23 05
17	1 18	16 29	0 22	16 47	1 13	3 49	2 12	23 05
19	1 18	16 29	0 22	16 46	1 13	3 50	2 12	23 05
21	1 18	16 29	0 22	16 45	1 13	3 51	2 12	23 05
23	1 18	16 29	0 22	16 43	1 13	3 52	2 12	23 05
25	1 18	16 29	0 22	16 42	1 13	3 52	2 13	23 05
27	1 18	16 29	0 22	16 41	1 13	3 53	2 13	23 05
29	1 18	16 28	0 22	16 39	1 13	3 54	2 13	23 05
31	1S17	16S28	0S22	16N38	1S13	3S55	2S13	23S04

Mutual Aspects

1 ♀☍♃. ♂±♇. ♀#♃.
2 ♀⚼♄. ♀⚼♅. ☉∥♆. ♀∥♃. ☿Stat.
5 ☉±♅. ☿±♄.
7 ☿△♇. ☿#♀.
8 ♇Stat.
9 ♀±♅. ♀∥♆.
11 ☉⚻♅.
12 ☉△♄. ☿☍♃. ♂□♆. ☿#♃.
13 ☿⚼♄. ☿⚼♅. ♀⚻♅.
14 ♀△♄. ♂⊥♅. ♂#♇.
16 ☉⚻♆. ☿∥♃.
17 ☉△♂. ♀⚻♆.
18 ☿±♅.
19 ☉□♇. ♀△♂.
20 ♀□♇. ☿∥♆.
22 ☉☌♀. ☉±♆. ☿⚻♅. ♀±♆.
23 ☉⚻♃. ☿△♄. ♀⚻♃. ♄Stat.
25 ☿⚻♆.
27 ☿△♂. ☿□♇.
28 ♀±♃.
29 ☉±♃. ☿⚻♃. ☿±♆. ♀⚼♆.
30 ♂Stat.
31 ☉⚼♆. ♀⚼♂.

LAST QUARTER – Oct.17,17h.15m. (24°♋19′)

NEW MOON–Nov.23,22h.57m. (1°♐ 38′)

D M	D W	Sidereal Time	☉ Long.	☉ Dec.	☽ Long.	☽ Lat.	☽ Dec.	☽ Node	24h. ☽ Long.	24h. ☽ Dec.
		h m s	° ′ ″	° ′	° ′ ″	° ′	° ′	° ′	° ′ ″	° ′
1	T	14 43 02	9 ♏ 02 32	14 S 31	11 ♒ 59 27	5 S 17	22 S 16	13 ♉ 25	19 ♒ 02 31	20 S 06
2	W	14 46 59	10 02 34	14 50	26 03 27	5 09	17 41	13 21	3 ♓ 02 04	15 02
3	Th	14 50 55	11 02 37	15 08	9 ♓ 58 11	4 44	12 12	13 18	16 51 38	9 15
4	F	14 54 52	12 02 42	15 27	23 42 16	4 02	6 S 12	13 15	0 ♈ 29 56	3 S 06
5	S	14 58 49	13 02 49	15 45	7 ♈ 14 31	3 07	0 00	13 12	13 55 54	3 N06
6	Su	15 02 45	14 02 57	16 03	20 33 58	2 03	6 N08	13 09	27 08 37	9 04
7	M	15 06 42	15 03 07	16 21	3 ♉ 39 49	0 S 54	11 54	13 06	10 ♉ 07 29	14 34
8	T	15 10 38	16 03 19	16 39	16 31 38	0 N17	17 03	13 02	22 52 17	19 20
9	W	15 14 35	17 03 32	16 56	29 09 29	1 26	21 22	12 59	5 ♊ 23 20	23 09
10	Th	15 18 31	18 03 47	17 13	11 ♊ 33 59	2 30	24 39	12 56	17 41 38	25 50
11	F	15 22 28	19 04 05	17 29	23 46 29	3 26	26 43	12 53	29 48 52	27 16
12	S	15 26 24	20 04 24	17 46	5 ♋ 49 04	4 11	27 30	12 50	11 ♋ 47 30	27 24
13	Su	15 30 21	21 04 45	18 02	17 44 33	4 46	26 59	12 46	23 40 42	26 15
14	M	15 34 18	22 05 07	18 17	29 36 26	5 08	25 14	12 43	5 ♌ 32 17	23 57
15	T	15 38 14	23 05 32	18 33	11 ♌ 28 46	5 16	22 24	12 40	17 26 29	20 37
16	W	15 42 11	24 05 58	18 48	23 26 01	5 12	18 36	12 37	29 27 56	16 24
17	Th	15 46 07	25 06 27	19 02	5 ♍ 32 51	4 53	14 01	12 34	11 ♍ 41 19	11 28
18	F	15 50 04	26 06 57	19 17	17 53 53	4 21	8 47	12 31	24 11 05	5 59
19	S	15 54 00	27 07 29	19 31	0 ♎ 33 22	3 35	3 N04	12 27	7 ♎ 01 08	0 N05
20	Su	15 57 57	28 08 02	19 45	13 34 43	2 37	2 S 56	12 24	20 14 20	5 S 59
21	M	16 01 53	29 ♏ 08 38	19 58	27 00 05	1 29	9 01	12 21	3 ♏ 51 58	11 59
22	T	16 05 50	0 ♐ 09 15	20 11	10 ♏ 49 50	0 N14	14 51	12 18	17 53 22	17 34
23	W	16 09 47	1 09 53	20 24	25 02 08	1 S 04	20 03	12 15	2 ♐ 15 33	22 17
24	Th	16 13 43	2 10 34	20 36	9 ♐ 32 53	2 19	24 11	12 12	16 53 20	25 41
25	F	16 17 40	3 11 15	20 48	24 15 58	3 26	26 45	12 08	1 ♑ 39 51	27 21
26	S	16 21 36	4 11 58	20 59	9 ♑ 03 59	4 20	27 27	12 05	16 27 26	27 04
27	Su	16 25 33	5 12 42	21 10	23 49 19	4 57	26 12	12 02	1 ♒ 08 49	24 54
28	M	16 29 29	6 13 27	21 21	8 ♒ 25 15	5 13	23 11	11 59	15 38 03	21 08
29	T	16 33 26	7 14 13	21 31	22 46 47	5 10	18 48	11 56	29 51 09	16 13
30	W	16 37 22	8 ♐ 15 00	21 S 41	6 ♓ 50 57	4 S 48	13 S 27	11 ♉ 52	13 ♓ 46 08	10 S 33

D M	Mercury Lat.	Mercury Dec.	Mercury Dec.	Venus Lat.	Venus Dec.	Venus Dec.	Mars Lat.	Mars Dec.	Mars Dec.	Jupiter Lat.	Jupiter Dec.
	° ′	° ′	° ′	° ′	° ′	° ′	° ′	° ′	° ′	° ′	° ′
1	0 N53	12 S 11	12 S 50	0 N 46	14 S 33	14 S 58	0 N 32	23 N54	23 N 57	1 S 33	1 S 34
3	0 40	13 28	14 06	0 42	15 23	15 47	0 38	23 59	24 02	1 33	1 37
5	0 27	14 43	15 20	0 37	16 11	16 34	0 43	24 05	24 07	1 32	1 39
7	0 N13	15 55	16 30	0 33	16 57	17 19	0 49	24 10	24 13	1 32	1 42
9	0 00	17 04	17 37	0 29	17 41	18 03	0 55	24 16	24 18	1 31	1 44
11	0 S 13	18 09	18 41	0 24	18 24	18 44	1 01	24 21	24 23	1 31	1 46
13	0 27	19 11	19 40	0 19	19 04	19 24	1 07	24 26	24 28	1 30	1 47
15	0 40	20 09	20 36	0 15	19 42	20 01	1 14	24 31	24 33	1 30	1 48
17	0 52	21 03	21 28	0 10	20 19	20 36	1 20	24 36	24 38	1 29	1 49
19	1 04	21 52	22 16	0 N 05	20 53	21 09	1 26	24 40	24 42	1 29	1 49
21	1 16	22 38	22 59	0 00	21 24	21 39	1 32	24 44	24 46	1 28	1 49
23	1 27	23 19	23 37	0 S 05	21 53	22 07	1 38	24 48	24 50	1 28	1 49
25	1 37	23 55	24 11	0 09	22 20	22 32	1 44	24 51	24 53	1 27	1 48
27	1 47	24 26	24 40	0 14	22 44	22 55	1 50	24 54	24 55	1 27	1 48
29	1 55	24 53	25 S 04	0 19	23 05	23 S 15	1 55	24 56	24 N 57	1 26	1 46
31	2 S 03	25 S 14		0 S 24	23 S 23		2 N 01	24 N58		1 S 25	1 S 45

FIRST QUARTER–Nov. 1,06h.37m. (8°♒49′) & Nov.30,14h.37m. (8°♓22′)

FULL MOON–Nov. 8,11h.02m. (16°♉01′)

D	☿	♀	♂	♃	♄	♅	♆	♇	Lunar Aspects								
M	Long.	Long.	Long.	Long.	Long.	Long.	Long.	Long.	☉	☿	♀	♂	♃	♄	♅	♆	♇
	° ′	° ′	° ′	° ′	° ′	° ′	° ′	° ′									
1	4♏29	11♏30	25♊35	29♓39	18♒40	17♉14	22♓56	26♑15	□		□	⚼	∠	☌	□	∠	
2	6 09	12 45	25R 33	29R 35	18 41	17R 12	22R 55	26 16				△	⚺			⚺	⚺
3	7 48	14 00	25 30	29 31	18 42	17 09	22 54	26 17	△	△	△						∠
4	9 26	15 15	25 26	29 27	18 43	17 07	22 53	26 17	⚼	⚼		□	☌	⚺	⚹	☌	⚹
5	11 04	16 31	25 21	29 23	18 44	17 04	22 52	26 18			⚼			∠	∠		
6	12 42	17 46	25 16	29 19	18 46	17 02	22 51	26 19				⚹		⚹	⚺	⚺	□
7	14 19	19 01	25 09	29 16	18 47	16 59	22 50	26 20				∠	⚺			∠	
8	15 56	20 16	25 02	29 13	18 49	16 57	22 50	26 21	☍	☍	☍		∠	□	☌	⚹	
9	17 33	21 32	24 54	29 10	18 51	16 54	22 49	26 22				⚺	⚹				△
10	19 09	22 47	24 45	29 07	18 53	16 52	22 48	26 22							⚺		⚼
11	20 45	24 02	24 35	29 04	18 55	16 49	22 47	26 23				☌	□	△		□	
12	22 20	25 17	24 24	29 02	18 57	16 47	22 46	26 24	⚼	⚼	⚼			⚼	∠		
13	23 55	26 33	24 12	28 59	18 59	16 44	22 46	26 25	△						⚹	△	
14	25 30	27 48	24 00	28 57	19 01	16 42	22 45	26 26		△	△	⚺	△				☍
15	27 05	29♏03	23 46	28 55	19 03	16 39	22 44	26 27				∠	⚼		□	⚼	
16	28♏39	0♐18	23 32	28 54	19 06	16 37	22 44	26 29	□	□		⚹		☍			
17	0♐13	1 34	23 17	28 52	19 08	16 34	22 43	26 30			□						⚼
18	1 47	2 49	23 01	28 51	19 11	16 32	22 43	26 31				□			△	☍	
19	3 20	4 04	22 45	28 50	19 13	16 30	22 42	26 32	⚹	⚹	⚹		☍	⚼	⚼		△
20	4 54	5 20	22 28	28 49	19 16	16 27	22 42	26 33	∠					△			
21	6 27	6 35	22 10	28 49	19 19	16 25	22 41	26 34	⚺	∠	∠	△					□
22	8 00	7 50	21 51	28 48	19 22	16 22	22 41	26 36		⚺	⚺	⚼	⚼		☍	⚼	
23	9 33	9 05	21 32	28 48	19 25	16 20	22 41	26 37	☌				△	□		△	⚹
24	11 05	10 21	21 12	28D 48	19 28	16 18	22 40	26 38		☌	☌						∠
25	12 38	11 36	20 52	28 48	19 32	16 15	22 40	26 39				☍	□	⚹	⚼	□	⚺
26	14 10	12 51	20 31	28 49	19 35	16 13	22 40	26 41	⚺	⚺	⚺			∠	△		
27	15 42	14 07	20 10	28 49	19 38	16 11	22 39	26 42	∠		∠		⚹	⚺		⚹	☌
28	17 14	15 22	19 48	28 50	19 42	16 08	22 39	26 43	⚹	∠		⚼	∠			∠	
29	18 46	16 37	19 26	28 51	19 45	16 06	22 39	26 45		⚹	⚹	△	⚺	☌	□	⚺	⚺
30	20♐17	17♐53	19♊04	28♓52	19♒49	16♉04	22♓39	26♑46	□								∠

D	Saturn		Uranus		Neptune		Pluto	
M	Lat.	Dec.	Lat.	Dec.	Lat.	Dec.	Lat.	Dec.
	° ′	° ′	° ′	° ′	° ′	° ′	° ′	° ′
1	1S17	16S27	0S22	16N37	1S13	3S55	2S13	23S04
3	1 17	16 27	0 22	16 36	1 13	3 56	2 13	23 04
5	1 17	16 26	0 22	16 34	1 13	3 57	2 13	23 04
7	1 17	16 25	0 22	16 33	1 13	3 57	2 13	23 04
9	1 17	16 24	0 22	16 32	1 13	3 58	2 13	23 03
11	1 17	16 22	0 22	16 30	1 13	3 59	2 13	23 03
13	1 17	16 21	0 22	16 29	1 13	3 59	2 13	23 03
15	1 17	16 19	0 22	16 28	1 13	4 00	2 13	23 02
17	1 16	16 18	0 22	16 26	1 13	4 00	2 13	23 02
19	1 16	16 16	0 22	16 25	1 13	4 00	2 13	23 02
21	1 16	16 14	0 22	16 23	1 13	4 01	2 13	23 01
23	1 16	16 12	0 22	16 22	1 12	4 01	2 13	23 01
25	1 16	16 10	0 22	16 21	1 12	4 01	2 13	23 00
27	1 16	16 08	0 22	16 19	1 12	4 01	2 13	23 00
29	1 16	16 05	0 22	16 18	1 12	4 01	2 14	22 59
31	1S16	16S03	0S22	16N17	1S12	4S01	2S14	22S59

Mutual Aspects

1 ☉ ∥ ♀.
2 ☉ ⚼ ♂. ☿ ± ♃.
3 ☿ ⚼ ♆. ♀ ⚼ ♃. ♀ Q ♇.
5 ☿ ⚼ ♂. ♀ ☍ ♅.
6 ☉ ⚼ ♃. ☉ Q ♇. ♀ ∥ ♄. ♀ # ♅.
7 ☿ ⚼ ♃. ☿ Q ♇. ♀ ± ♂. ♀ □ ♄. ☉ ∥ ♄
8 ☉ ☌ ☿. ☉ # ♅. ☿ ∥ ♄. ☿ # ♅.
9 ☉ ☍ ♅. ☿ ☍ ♅. ☉ ∥ ☿.
10 ☿ ± ♂. ☿ □ ♄. ♀ △ ♆.
11 ☉ ± ♂. ☉ □ ♄. ♀ ▽ ♂.
12 ☿ △ ♆. ☿ ∥ ♀.
13 ☿ ▽ ♂. ♀ ⚹ ♇.
15 ☉ △ ♆. ☿ ⚹ ♇. ♀ △ ♃.
16 ☉ ▽ ♂. ☿ △ ♃.
18 ☉ ⚹ ♇. 19 ♂ □ ♆.
20 ♂ ⊥ ♅.
21 ☉ △ ♃. ☿ ☌ ♀.
22 ☿ Q ♄. ♀ Q ♄. ☿ ∥ ♇.
23 ♃Stat. 24 ☿ ∠ ♇.
25 ♀ ∠ ♇.
26 ♂ ± ♇.
27 ☿ ▽ ♅.
28 ♂ △ ♄. ♀ ∥ ♇.
29 ☿ ☍ ♂. ♀ ▽ ♅. ☿ # ♂.
30 ☉ Q ♄. ☿ ⚹ ♄. ☿ ⊥ ♇.

LAST QUARTER–Nov.16,13h.27m. (24°♌10′)

NEW MOON – Dec.23,10h.17m. (1°♑33′)

D M	D W	Sidereal Time	☉ Long.	☉ Dec.	☽ Long.	☽ Lat.	☽ Dec.	☽ Node	24h. ☽ Long.	24h. ☽ Dec.
		h m s	° ′ ″	° ′	° ′ ″	° ′	° ′	° ′	° ′ ″	° ′
1	Th	16 41 19	9 ♐ 15 48	21 S 50	20 ♓ 36 42	4 S 10	7 S 33	11 ♉ 49	27 ♓ 22 46	4 S 29
2	F	16 45 16	10 16 36	21 59	4 ♈ 04 28	3 19	1 S 25	11 46	10 ♈ 42 00	1 N39
3	S	16 49 12	11 17 26	22 08	17 15 35	2 18	4 N39	11 43	23 45 27	7 36
4	Su	16 53 09	12 18 16	22 16	0 ♉ 11 49	1 11	10 26	11 40	6 ♉ 34 55	13 08
5	M	16 57 05	13 19 07	22 24	12 54 59	0 S 02	15 41	11 37	19 12 10	18 03
6	T	17 01 02	14 20 00	22 31	25 26 41	1 N06	20 12	11 33	1 ♊ 38 40	22 06
7	W	17 04 58	15 20 53	22 38	7 ♊ 48 18	2 10	23 45	11 30	13 55 42	25 07
8	Th	17 08 55	16 21 47	22 44	20 01 01	3 07	26 10	11 27	26 04 24	26 55
9	F	17 12 51	17 22 42	22 50	2 ♋ 06 00	3 55	27 20	11 24	8 ♋ 05 59	27 26
10	S	17 16 48	18 23 39	22 56	14 04 35	4 32	27 12	11 21	20 01 58	26 39
11	Su	17 20 45	19 24 36	23 01	25 58 27	4 57	25 48	11 18	1 ♌ 54 17	24 40
12	M	17 24 41	20 25 34	23 06	7 ♌ 49 49	5 09	23 17	11 14	13 45 26	21 38
13	T	17 28 38	21 26 33	23 10	19 41 32	5 07	19 46	11 11	25 38 36	17 42
14	W	17 32 34	22 27 34	23 13	1 ♍ 37 06	4 53	15 27	11 08	7 ♍ 37 36	13 03
15	Th	17 36 31	23 28 35	23 17	13 40 38	4 25	10 30	11 05	19 46 48	7 50
16	F	17 40 27	24 29 37	23 19	25 56 42	3 45	5 N03	11 02	2 ♎ 10 56	2 N12
17	S	17 44 24	25 30 40	23 22	8 ♎ 30 06	2 54	0 S 43	10 58	14 54 45	3 S 40
18	Su	17 48 20	26 31 44	23 24	21 25 25	1 52	6 38	10 55	28 02 34	9 34
19	M	17 52 17	27 32 49	23 25	4 ♏ 46 32	0 N42	12 27	10 52	11 ♏ 37 35	15 15
20	T	17 56 14	28 33 55	23 26	18 35 49	0 S 33	17 53	10 49	25 41 10	20 19
21	W	18 00 10	29 ♐ 35 02	23 26	2 ♐ 53 21	1 48	22 30	10 46	10 ♐ 11 54	24 20
22	Th	18 04 07	0 ♑ 36 10	23 26	17 36 09	2 57	25 48	10 43	25 05 12	26 49
23	F	18 08 03	1 37 18	23 26	2 ♑ 37 58	3 56	27 21	10 39	10 ♑ 13 13	27 22
24	S	18 12 00	2 38 26	23 25	17 49 39	4 39	26 52	10 36	25 25 53	25 51
25	Su	18 15 56	3 39 35	23 23	3 ♒ 00 34	5 02	24 23	10 33	10 ♒ 32 28	22 30
26	M	18 19 53	4 40 44	23 21	18 00 27	5 04	20 15	10 30	25 23 34	17 43
27	T	18 23 49	5 41 53	23 19	2 ♓ 41 06	4 46	14 58	10 27	9 ♓ 52 30	12 02
28	W	18 27 46	6 43 02	23 16	16 57 27	4 11	9 00	10 24	23 55 50	5 S 53
29	Th	18 31 43	7 44 11	23 13	0 ♈ 47 41	3 21	2 S 46	10 20	7 ♈ 33 12	0 N21
30	F	18 35 39	8 45 19	23 09	14 12 40	2 22	3 N25	10 17	20 46 29	6 25
31	S	18 39 36	9 ♑ 46 28	23 S 05	27 ♈ 15 04	1 S 17	9 N18	10 ♉ 14	3 ♉ 38 54	12 N03

D M	Mercury Lat.	Mercury Dec.		Venus Lat.	Venus Dec.		Mars Lat.	Mars Dec.		Jupiter Lat.	Jupiter Dec.
	° ′	° ′	° ′	° ′	° ′	° ′	° ′	° ′	° ′	° ′	° ′
1	2 S 03	25 S 14	25 S 22	0 S 24	23 S 23	23 S 32	2 N 01	24 N58	24 N 59	1 S 25	1 S 45
3	2 09	25 29	25 35	0 29	23 39	23 46	2 06	24 59	24 59	1 25	1 43
5	2 14	25 39	25 42	0 33	23 52	23 57	2 11	25 00	25 00	1 24	1 40
7	2 18	25 44	25 44	0 38	24 02	24 05	2 16	25 00	25 00	1 24	1 38
9	2 19	25 42	25 39	0 42	24 08	24 11	2 20	24 59	24 59	1 23	1 35
11	2 19	25 35	25 29	0 47	24 12	24 13	2 25	24 58	24 58	1 23	1 32
13	2 17	25 22	25 13	0 51	24 13	24 13	2 28	24 57	24 56	1 22	1 28
15	2 12	25 03	24 52	0 55	24 11	24 09	2 32	24 55	24 54	1 22	1 25
17	2 04	24 39	24 25	0 59	24 06	24 02	2 35	24 53	24 52	1 21	1 20
19	1 53	24 10	23 54	1 03	23 58	23 53	2 38	24 51	24 50	1 20	1 16
21	1 38	23 37	23 19	1 07	23 47	23 40	2 41	24 48	24 47	1 20	1 11
23	1 19	23 01	22 42	1 10	23 33	23 25	2 43	24 46	24 44	1 19	1 06
25	0 56	22 23	22 04	1 14	23 16	23 07	2 45	24 43	24 42	1 19	1 01
27	0 S 27	21 45	21 27	1 17	22 57	22 46	2 46	24 41	24 39	1 18	0 56
29	0 N06	21 09	20 S 53	1 20	22 34	22 S 22	2 48	24 38	24 N 37	1 18	0 50
31	0 N42	20 S 37		1 S 22	22 S 09		2 N 49	24 N36		1 S 17	0 S 44

FIRST QUARTER – Dec.30,01h.21m. (8°♈18′)

FULL MOON – Dec. 8,04h.08m. (16° ♊ 02′)

D M	☿ Long.	♀ Long.	♂ Long.	♃ Long.	♄ Long.	♅ Long.	♆ Long.	♇ Long.	☉	☿	♀	♂	♃	♄	♅	♆	♇
	° ′	° ′	° ′	° ′	° ′	° ′	° ′	° ′									
1	21♐49	19♐08	18♊41	28♓54	19♒53	16♉01	22♓39	26♑48		□	□	□		⚺	✱	☌	✱
2	23 20	20 23	18R 18	28 56	19 57	15R 59	22R 39	26 49					☌	∠	∠		
3	24 51	21 38	17 55	28 57	20 01	15 57	22 39	26 51	△		△	✱		✱	⚺	⚺	
4	26 22	22 54	17 32	28 59	20 05	15 55	22D 39	26 52	⚻	△		∠	⚺				□
5	27 52	24 09	17 09	29 02	20 09	15 53	22 39	26 54		⚻	⚻	⚺	∠		☌	∠	
6	29♐22	25 24	16 46	29 04	20 13	15 51	22 39	26 55					✱	□		✱	△
7	0♑52	26 40	16 23	29 07	20 17	15 49	22 39	26 57									⚻
8	2 21	27 55	16 00	29 10	20 22	15 47	22 39	26 58	☍			☌		△	⚺	□	
9	3 49	29♐10	15 37	29 13	20 26	15 45	22 39	27 00		☍	☍		□	⚻	∠		
10	5 17	0♑25	15 14	29 16	20 31	15 43	22 39	27 01				⚺			✱		
11	6 44	1 41	14 52	29 20	20 35	15 41	22 40	27 03				∠	△			△	☍
12	8 10	2 56	14 29	29 23	20 40	15 39	22 40	27 05	⚻							⚻	
13	9 35	4 11	14 07	29 27	20 45	15 37	22 40	27 06	△	⚻	⚻	✱	⚻	☍	□		
14	10 59	5 26	13 46	29 31	20 50	15 35	22 41	27 08			△						
15	12 21	6 42	13 25	29 35	20 55	15 33	22 41	27 10		△		□			△		⚻
16	13 41	7 57	13 04	29 40	21 00	15 31	22 41	27 11	□				☍		⚻	☍	△
17	14 58	9 12	12 44	29 44	21 05	15 30	22 42	27 13			□	△		⚻			
18	16 14	10 27	12 24	29 49	21 10	15 28	22 42	27 15	✱	□		⚻		△			□
19	17 26	11 43	12 05	29 54	21 15	15 26	22 43	27 17								⚻	
20	18 35	12 58	11 46	29♓59	21 20	15 25	22 43	27 18	∠	✱	✱		⚻	□	☍	△	
21	19 40	14 13	11 28	0♈05	21 25	15 23	22 44	27 20	⚺	∠	∠		△				✱
22	20 40	15 28	11 11	0 10	21 31	15 21	22 45	27 22		⚺	⚺	☍		✱		□	∠
23	21 34	16 44	10 54	0 16	21 36	15 20	22 45	27 24	☌				□	∠	⚻		⚺
24	22 23	17 59	10 38	0 22	21 42	15 18	22 46	27 26		☌	☌			⚺	△	✱	
25	23 04	19 14	10 23	0 28	21 47	15 17	22 47	27 27	⚺			△	✱			∠	☌
26	23 37	20 29	10 09	0 34	21 53	15 16	22 47	27 29	∠	⚺	⚺		∠	☌	□	⚺	
27	24 02	21 45	9 55	0 41	21 59	15 14	22 48	27 31	✱	∠	∠	□	⚺				⚺
28	24 17	23 00	9 42	0 47	22 05	15 13	22 49	27 33			✱			⚺	✱	☌	∠
29	24R 21	24 15	9 30	0 54	22 10	15 12	22 50	27 35		✱			☌	∠	∠		✱
30	24 14	25 30	9 19	1 01	22 16	15 11	22 51	27 37	□			✱			⚺		
31	23♑56	26♑45	9♊09	1♈08	22♒22	15♉09	22♓52	27♑39		□	□	∠	⚺	✱		⚺	□

D M	Saturn Lat.	Saturn Dec.	Uranus Lat.	Uranus Dec.	Neptune Lat.	Neptune Dec.	Pluto Lat.	Pluto Dec.
	° ′	° ′	° ′	° ′	° ′	° ′	° ′	° ′
1	1S16	16S03	0S22	16N17	1S12	4S01	2S14	22S59
3	1 16	16 00	0 22	16 16	1 12	4 01	2 14	22 58
5	1 15	15 58	0 22	16 14	1 12	4 01	2 14	22 58
7	1 15	15 55	0 22	16 13	1 12	4 01	2 14	22 57
9	1 15	15 52	0 22	16 12	1 12	4 01	2 14	22 57
11	1 15	15 49	0 22	16 11	1 12	4 01	2 14	22 56
13	1 15	15 46	0 22	16 10	1 12	4 00	2 14	22 56
15	1 15	15 43	0 22	16 09	1 12	4 00	2 14	22 55
17	1 15	15 39	0 22	16 08	1 12	4 00	2 14	22 55
19	1 15	15 36	0 22	16 07	1 12	3 59	2 14	22 54
21	1 15	15 32	0 22	16 06	1 12	3 59	2 14	22 53
23	1 15	15 29	0 22	16 05	1 11	3 58	2 15	22 53
25	1 15	15 25	0 22	16 04	1 11	3 58	2 15	22 52
27	1 15	15 22	0 22	16 04	1 11	3 57	2 15	22 52
29	1 15	15 18	0 21	16 03	1 11	3 56	2 15	22 51
31	1S15	15S14	0S21	16N02	1S11	3S55	2S15	22S50

Mutual Aspects

1 ☿±♅. ♀☍♂.
2 ☿□♆. ♀✱♄. ♀⊥♇.
3 ♀±♅.
4 ☉∠♇. ☿⚺♇. ♀□♆. ♆Stat.
6 ☿□♃.
7 ☉∇♅. ☿⚻♅. ♀⚺♇.
8 ☉☍♂.
9 ♀□♃. ♂⚺♅.
10 ☿∠♄. ♀⚻♅. ☉∥♇.
12 ☉✱♄.
13 ☉±♅. ☉⊥♇.
14 ☉□♆. ☿Q♆. ♀∠♄.
16 ☿∇♂. ☿#♂.
17 ☿⊥♄. ☿△♅.
18 ♀Q♆. ♂⚻♇.
19 ☉⚺♇. ☿±♂. ☿Q♃. ♀∇♂. ♂Q♃.
20 ☿∥♀.
22 ☉□♃. ☉⚻♅. ♀⊥♄. ♀△♅. ☉∥☿.
23 ☿⚺♄. ♀±♂. ☿∥♇.
24 ♀Q♃. ♃∠♅. ☉∥♀.
25 ☿✱♆.
27 ♀⚺♄. ♀∥♇.
28 ☉∠♄. ♀✱♆.
29 ☿☌♀. ♀⚻♂. ☿Stat.
30 ☉∇♂.

LAST QUARTER – Dec.16,08h.56m. (24°♍22′)

JANUARY

D	☉	☽	☽Dec.	☿	♀	♂
	° ′ ″	° ′ ″	° ′	° ′	° ′	′
1	1 01 11	15 09 53	1 07	1 24	0 30	43
2	1 01 11	15 06 39	0 51	1 22	0 32	43
3	1 01 11	14 53 33	2 39	1 19	0 33	43
4	1 01 11	14 32 10	4 03	1 16	0 34	43
5	1 01 10	14 05 15	5 00	1 12	0 35	43
6	1 01 10	13 36 02	5 30	1 07	0 36	43
7	1 01 10	13 07 28	5 41	1 01	0 36	43
8	1 01 09	12 41 51	5 37	0 55	0 37	43
9	1 01 09	12 20 36	5 21	0 48	0 37	43
10	1 01 08	12 04 27	4 56	0 40	0 36	43
11	1 01 08	11 53 35	4 22	0 31	0 36	43
12	1 01 07	11 47 43	3 38	0 22	0 35	43
13	1 01 07	11 46 21	2 44	0 11	0 34	43
14	1 01 06	11 48 47	1 42	0 00	0 33	43
15	1 01 06	11 54 13	0 31	0 12	0 32	43
16	1 01 05	12 01 52	0 43	0 24	0 30	43
17	1 01 05	12 10 59	1 56	0 35	0 28	43
18	1 01 04	12 21 00	3 03	0 46	0 26	43
19	1 01 03	12 31 33	4 02	0 56	0 24	43
20	1 01 03	12 42 32	4 49	1 04	0 22	43
21	1 01 02	12 54 07	5 24	1 11	0 19	43
22	1 01 02	13 06 39	5 45	1 15	0 17	43
23	1 01 01	13 20 29	5 54	1 17	0 15	43
24	1 01 01	13 35 51	5 47	1 16	0 12	44
25	1 01 01	13 52 36	5 21	1 14	0 10	44
26	1 01 00	14 10 01	4 34	1 09	0 07	44
27	1 01 00	14 26 39	3 23	1 03	0 05	44
28	1 00 59	14 40 30	1 48	0 56	0 02	44
29	1 00 58	14 49 09	0 03	0 48	0 00	44
30	1 00 58	14 50 30	1 54	0 39	0 03	44
31	1 00 57	14 43 21	3 31	0 30	0 05	44

FEBRUARY

D	☉	☽	☽Dec.	☿	♀	♂
	° ′ ″	° ′ ″	° ′	° ′	° ′	′
1	1 00 56	14 27 54	4 44	0 22	0 07	44
2	1 00 54	14 05 47	5 29	0 13	0 10	44
3	1 00 53	13 39 37	5 50	0 05	0 12	44
4	1 00 52	13 12 20	5 51	0 02	0 14	44
5	1 00 50	12 46 33	5 38	0 10	0 16	44
6	1 00 49	12 24 15	5 12	0 16	0 18	44
7	1 00 48	12 06 45	4 38	0 22	0 20	44
8	1 00 46	11 54 43	3 54	0 28	0 22	44
9	1 00 45	11 48 18	3 01	0 33	0 24	44
10	1 00 43	11 47 17	2 00	0 38	0 25	44
11	1 00 42	11 51 08	0 51	0 42	0 27	44
12	1 00 40	11 59 03	0 23	0 46	0 29	44
13	1 00 38	12 10 04	1 37	0 50	0 30	44
14	1 00 37	12 23 04	2 48	0 53	0 32	44
15	1 00 35	12 36 57	3 51	0 57	0 33	44
16	1 00 34	12 50 42	4 44	0 59	0 35	44
17	1 00 32	13 03 32	5 23	1 02	0 36	44
18	1 00 31	13 15 06	5 49	1 05	0 37	44
19	1 00 29	13 25 25	5 59	1 07	0 39	44
20	1 00 28	13 34 49	5 52	1 09	0 40	44
21	1 00 27	13 43 51	5 28	1 11	0 41	44
22	1 00 25	13 52 54	4 44	1 13	0 42	44
23	1 00 24	14 02 03	3 38	1 15	0 43	45
24	1 00 23	14 10 52	2 11	1 16	0 44	45
25	1 00 22	14 18 22	0 29	1 18	0 45	45
26	1 00 20	14 23 06	1 18	1 19	0 46	45
27	1 00 19	14 23 31	2 56	1 21	0 47	45
28	1 00 17	14 18 24	4 17	1 22	0 48	45

MARCH

D	☉	☽	☽Dec.	☿	♀	♂
	° ′ ″	° ′ ″	° ′	° ′	° ′	′
1	1 00 15	14 07 19	5 14	1 24	0 49	45
2	1 00 14	13 50 47	5 47	1 25	0 49	45
3	1 00 12	13 30 17	5 58	1 26	0 50	45
4	1 00 10	13 07 48	5 52	1 27	0 51	45
5	1 00 08	12 45 29	5 31	1 29	0 52	45
6	1 00 06	12 25 17	4 58	1 30	0 52	45
7	1 00 04	12 08 41	4 15	1 31	0 53	45
8	1 00 02	11 56 46	3 22	1 32	0 54	45
9	1 00 00	11 50 06	2 21	1 33	0 54	45
10	0 59 57	11 48 54	1 13	1 34	0 55	45
11	0 59 55	11 53 03	0 01	1 36	0 55	45
12	0 59 53	12 02 04	1 14	1 37	0 56	45
13	0 59 51	12 15 13	2 26	1 38	0 56	45
14	0 59 49	12 31 25	3 33	1 39	0 57	45
15	0 59 47	12 49 22	4 31	1 40	0 57	45
16	0 59 44	13 07 35	5 18	1 41	0 58	45
17	0 59 42	13 24 39	5 51	1 43	0 58	45
18	0 59 40	13 39 21	6 08	1 44	0 59	45
19	0 59 38	13 50 59	6 07	1 45	0 59	45
20	0 59 36	13 59 20	5 46	1 46	0 59	45
21	0 59 35	14 04 41	5 03	1 48	1 00	45
22	0 59 33	14 07 37	3 58	1 49	1 00	45
23	0 59 31	14 08 45	2 32	1 50	1 01	45
24	0 59 30	14 08 28	0 52	1 52	1 01	45
25	0 59 28	14 06 50	0 53	1 53	1 01	45
26	0 59 26	14 03 37	2 30	1 54	1 02	45
27	0 59 24	13 58 17	3 52	1 55	1 02	45
28	0 59 22	13 50 21	4 54	1 57	1 02	45
29	0 59 21	13 39 32	5 34	1 58	1 02	45
30	0 59 19	13 25 57	5 54	1 59	1 03	45
31	0 59 17	13 10 09	5 56	2 00	1 03	45

APRIL

D	☉	☽	☽Dec.	☿	♀	♂
	° ′ ″	° ′ ″	° ′	° ′	° ′	′
1	0 59 15	12 53 06	5 42	2 01	1 03	45
2	0 59 13	12 36 00	5 15	2 02	1 04	45
3	0 59 10	12 20 07	4 35	2 03	1 04	45
4	0 59 08	12 06 39	3 45	2 04	1 04	45
5	0 59 06	11 56 37	2 45	2 04	1 04	45
6	0 59 04	11 50 47	1 38	2 05	1 04	45
7	0 59 02	11 49 42	0 25	2 05	1 05	45
8	0 58 59	11 53 37	0 49	2 05	1 05	45
9	0 58 57	12 02 33	2 01	2 04	1 05	45
10	0 58 55	12 16 11	3 09	2 04	1 05	45
11	0 58 52	12 33 51	4 10	2 03	1 05	45
12	0 58 50	12 54 30	5 01	2 01	1 06	45
13	0 58 48	13 16 42	5 41	2 00	1 06	45
14	0 58 46	13 38 42	6 08	1 58	1 06	45
15	0 58 44	13 58 39	6 17	1 55	1 06	45
16	0 58 42	14 14 52	6 06	1 52	1 06	45
17	0 58 40	14 26 06	5 30	1 49	1 06	45
18	0 58 38	14 31 47	4 29	1 46	1 07	45
19	0 58 36	14 32 01	3 04	1 43	1 07	45
20	0 58 35	14 27 32	1 21	1 39	1 07	45
21	0 58 33	14 19 20	0 29	1 35	1 07	45
22	0 58 31	14 08 31	2 11	1 30	1 07	45
23	0 58 30	13 56 04	3 36	1 26	1 07	45
24	0 58 28	13 42 41	4 39	1 22	1 07	45
25	0 58 26	13 28 52	5 22	1 17	1 08	45
26	0 58 25	13 14 52	5 45	1 12	1 08	45
27	0 58 23	13 00 54	5 52	1 07	1 08	45
28	0 58 21	12 47 09	5 44	1 02	1 08	45
29	0 58 20	12 33 52	5 23	0 57	1 08	45
30	0 58 18	12 21 23	4 49	0 52	1 08	45

MAY

D	☉	☽	☽Dec.	☿	♀	♂
	° ′ ″	° ′ ″	° ′	° ′	° ′	′
1	0 58 16	12 10 12	4 03	0 47	1 08	45
2	0 58 15	12 00 51	3 06	0 42	1 08	45
3	0 58 13	11 53 55	2 01	0 37	1 08	45
4	0 58 11	11 50 02	0 49	0 31	1 09	45
5	0 58 09	11 49 45	0 25	0 26	1 09	45
6	0 58 07	11 53 32	1 38	0 21	1 09	45
7	0 58 05	12 01 45	2 45	0 15	1 09	45
8	0 58 03	12 14 30	3 46	0 10	1 09	45
9	0 58 01	12 31 39	4 39	0 05	1 09	45
10	0 57 59	12 52 42	5 22	0 00	1 09	45
11	0 57 57	13 16 40	5 54	0 05	1 09	45
12	0 57 56	13 42 04	6 12	0 10	1 09	45
13	0 57 54	14 06 55	6 13	0 14	1 09	45
14	0 57 52	14 28 54	5 52	0 18	1 09	45
15	0 57 51	14 45 44	5 03	0 22	1 09	45
16	0 57 49	14 55 32	3 46	0 25	1 09	45
17	0 57 48	14 57 18	2 03	0 28	1 10	45
18	0 57 47	14 51 07	0 07	0 31	1 10	45
19	0 57 46	14 38 10	1 45	0 33	1 10	45
20	0 57 44	14 20 20	3 20	0 34	1 10	45
21	0 57 43	13 59 45	4 31	0 34	1 10	45
22	0 57 42	13 38 24	5 17	0 35	1 10	45
23	0 57 41	13 17 49	5 42	0 34	1 10	45
24	0 57 40	12 59 01	5 50	0 33	1 10	45
25	0 57 39	12 42 29	5 44	0 31	1 10	45
26	0 57 38	12 28 24	5 26	0 29	1 10	45
27	0 57 37	12 16 42	4 56	0 26	1 10	45
28	0 57 36	12 07 12	4 14	0 23	1 10	45
29	0 57 35	11 59 44	3 22	0 20	1 10	45
30	0 57 34	11 54 14	2 19	0 16	1 10	45
31	0 57 33	11 50 45	1 09	0 12	1 10	44

JUNE

D	☉	☽	☽Dec.	☿	♀	♂
	° ′ ″	° ′ ″	° ′	° ′	° ′	′
1	0 57 32	11 49 27	0 05	0 08	1 10	44
2	0 57 31	11 50 39	1 18	0 04	1 10	44
3	0 57 29	11 54 46	2 26	0 01	1 11	44
4	0 57 28	12 02 14	3 27	0 05	1 11	44
5	0 57 27	12 13 27	4 19	0 10	1 11	44
6	0 57 26	12 28 42	5 02	0 14	1 11	44
7	0 57 25	12 47 59	5 35	0 19	1 11	44
8	0 57 23	13 10 57	5 57	0 23	1 11	44
9	0 57 22	13 36 44	6 06	0 27	1 11	44
10	0 57 21	14 03 44	5 56	0 32	1 11	44
11	0 57 20	14 29 44	5 24	0 36	1 11	44
12	0 57 19	14 51 55	4 22	0 40	1 11	44
13	0 57 19	15 07 22	2 51	0 44	1 11	44
14	0 57 18	15 13 45	0 56	0 48	1 11	44
15	0 57 17	15 09 57	1 05	0 52	1 11	44
16	0 57 17	14 56 32	2 55	0 56	1 11	44
17	0 57 16	14 35 32	4 19	1 00	1 11	44
18	0 57 16	14 09 54	5 15	1 03	1 11	43
19	0 57 16	13 42 40	5 45	1 07	1 11	43
20	0 57 15	13 16 23	5 55	1 10	1 11	43
21	0 57 15	12 52 49	5 49	1 14	1 11	43
22	0 57 15	12 32 59	5 31	1 17	1 11	43
23	0 57 15	12 17 14	5 02	1 21	1 11	43
24	0 57 15	12 05 29	4 23	1 24	1 11	43
25	0 57 15	11 57 20	3 33	1 28	1 12	43
26	0 57 15	11 52 17	2 34	1 31	1 12	43
27	0 57 15	11 49 49	1 26	1 34	1 12	43
28	0 57 14	11 49 29	0 13	1 38	1 12	43
29	0 57 14	11 51 00	1 01	1 41	1 12	43
30	0 57 14	11 54 16	2 11	1 44	1 12	43

JULY

D	☉	☽	☽Dec.	☿	♀	♂
	° ′ ″	° ′ ″	° ′	° ′	° ′	′
1	0 57 14	11 59 24	3 14	1 47	1 12	42
2	0 57 13	12 06 40	4 07	1 50	1 12	42
3	0 57 13	12 16 31	4 49	1 53	1 12	42
4	0 57 13	12 29 24	5 22	1 55	1 12	42
5	0 57 13	12 45 41	5 44	1 58	1 12	42
6	0 57 12	13 05 33	5 54	2 00	1 12	42
7	0 57 12	13 28 41	5 50	2 02	1 12	42
8	0 57 12	13 54 12	5 28	2 04	1 12	42
9	0 57 12	14 20 22	4 42	2 06	1 12	42
10	0 57 12	14 44 39	3 28	2 07	1 12	42
11	0 57 12	15 03 54	1 46	2 08	1 12	41
12	0 57 12	15 15 00	0 14	2 09	1 12	41
13	0 57 12	15 15 42	2 13	2 09	1 12	41
14	0 57 12	15 05 28	3 54	2 09	1 12	41
15	0 57 13	14 45 43	5 07	2 09	1 12	41
16	0 57 13	14 19 21	5 49	2 09	1 12	41
17	0 57 14	13 49 51	6 05	2 08	1 12	41
18	0 57 14	13 20 30	6 02	2 07	1 12	41
19	0 57 15	12 53 45	5 44	2 06	1 12	41
20	0 57 16	12 31 10	5 15	2 05	1 12	40
21	0 57 16	12 13 30	4 35	2 04	1 13	40
22	0 57 17	12 00 51	3 46	2 02	1 13	40
23	0 57 18	11 52 56	2 47	2 01	1 13	40
24	0 57 19	11 49 09	1 41	1 59	1 13	40
25	0 57 20	11 48 49	0 29	1 58	1 13	40
26	0 57 21	11 51 10	0 45	1 56	1 13	40
27	0 57 21	11 55 32	1 57	1 54	1 13	39
28	0 57 22	12 01 23	3 02	1 53	1 13	39
29	0 57 23	12 08 25	3 58	1 51	1 13	39
30	0 57 23	12 16 32	4 43	1 49	1 13	39
31	0 57 24	12 25 57	5 17	1 48	1 13	39

AUGUST

D	☉	☽	☽Dec.	☿	♀	♂
	° ′ ″	° ′ ″	° ′	° ′	° ′	′
1	0 57 25	12 37 03	5 39	1 46	1 13	39
2	0 57 25	12 50 19	5 49	1 44	1 13	38
3	0 57 26	13 06 09	5 46	1 43	1 13	38
4	0 57 27	13 24 44	5 28	1 41	1 13	38
5	0 57 27	13 45 42	4 49	1 39	1 13	38
6	0 57 28	14 08 02	3 47	1 38	1 13	38
7	0 57 29	14 29 52	2 20	1 36	1 13	38
8	0 57 30	14 48 35	0 32	1 34	1 13	37
9	0 57 31	15 01 14	1 26	1 33	1 13	37
10	0 57 31	15 05 15	3 16	1 31	1 13	37
11	0 57 32	14 59 17	4 43	1 30	1 13	37
12	0 57 34	14 43 43	5 42	1 28	1 13	37
13	0 57 35	14 20 37	6 12	1 26	1 13	37
14	0 57 36	13 53 03	6 17	1 25	1 13	36
15	0 57 37	13 24 17	6 03	1 23	1 13	36
16	0 57 39	12 57 06	5 35	1 21	1 13	36
17	0 57 41	12 33 30	4 55	1 19	1 14	36
18	0 57 42	12 14 40	4 05	1 17	1 14	36
19	0 57 44	12 01 06	3 06	1 16	1 14	35
20	0 57 45	11 52 50	1 59	1 14	1 14	35
21	0 57 47	11 49 28	0 47	1 12	1 14	35
22	0 57 49	11 50 23	0 28	1 10	1 14	35
23	0 57 50	11 54 50	1 41	1 07	1 14	34
24	0 57 52	12 01 55	2 49	1 05	1 14	34
25	0 57 53	12 10 48	3 49	1 03	1 14	34
26	0 57 55	12 20 44	4 38	1 00	1 14	34
27	0 57 57	12 31 11	5 15	0 58	1 14	33
28	0 57 58	12 41 51	5 41	0 55	1 14	33
29	0 57 59	12 52 46	5 53	0 52	1 14	33
30	0 58 01	13 04 13	5 51	0 49	1 14	33
31	0 58 02	13 16 32	5 33	0 46	1 14	32

SEPTEMBER

D	☉	☽	☽Dec.	☿	♀	♂
	° ′ ″	° ′ ″	° ′	° ′	° ′	′
1	0 58 04	13 30 05	4 57	0 42	1 14	32
2	0 58 05	13 44 53	4 01	0 38	1 14	32
3	0 58 07	14 00 31	2 41	0 34	1 14	31
4	0 58 08	14 15 54	1 03	0 30	1 14	31
5	0 58 09	14 29 23	0 47	0 25	1 14	31
6	0 58 11	14 38 53	2 36	0 20	1 14	31
7	0 58 12	14 42 26	4 10	0 15	1 14	30
8	0 58 14	14 38 38	5 20	0 10	1 14	30
9	0 58 15	14 27 15	6 04	0 04	1 14	30
10	0 58 17	14 09 16	6 22	0 02	1 14	29
11	0 58 19	13 46 41	6 18	0 09	1 14	29
12	0 58 21	13 21 57	5 56	0 15	1 14	29
13	0 58 23	12 57 30	5 19	0 22	1 14	28
14	0 58 25	12 35 22	4 30	0 29	1 14	28
15	0 58 27	12 16 58	3 30	0 35	1 14	28
16	0 58 29	12 03 15	2 23	0 42	1 15	27
17	0 58 32	11 54 37	1 10	0 48	1 15	27
18	0 58 34	11 51 07	0 06	0 53	1 15	26
19	0 58 36	11 52 28	1 20	0 58	1 15	26
20	0 58 38	11 58 08	2 30	1 02	1 15	26
21	0 58 40	12 07 23	3 33	1 04	1 15	25
22	0 58 42	12 19 19	4 27	1 05	1 15	25
23	0 58 44	12 32 55	5 10	1 04	1 15	24
24	0 58 46	12 47 12	5 41	1 02	1 15	24
25	0 58 48	13 01 18	5 58	0 58	1 15	23
26	0 58 50	13 14 34	6 01	0 53	1 15	23
27	0 58 52	13 26 39	5 47	0 46	1 15	22
28	0 58 54	13 37 28	5 13	0 38	1 15	22
29	0 58 56	13 47 08	4 18	0 29	1 15	21
30	0 58 58	13 55 50	3 01	0 19	1 15	21

OCTOBER

D	☉	☽	☽Dec.	☿	♀	♂
	° ′ ″	° ′ ″	° ′	° ′	° ′	′
1	0 59 00	14 03 35	1 26	0 09	1 15	20
2	0 59 02	14 10 07	0 20	0 01	1 15	20
3	0 59 03	14 14 54	2 06	0 12	1 15	19
4	0 59 05	14 17 06	3 40	0 22	1 15	19
5	0 59 07	14 15 49	4 54	0 31	1 15	18
6	0 59 08	14 10 24	5 45	0 41	1 15	18
7	0 59 10	14 00 34	6 13	0 49	1 15	17
8	0 59 12	13 46 39	6 20	0 57	1 15	16
9	0 59 14	13 29 32	6 08	1 04	1 15	16
10	0 59 16	13 10 31	5 39	1 10	1 15	15
11	0 59 18	12 51 07	4 54	1 16	1 15	15
12	0 59 20	12 32 47	3 58	1 21	1 15	14
13	0 59 23	12 16 50	2 51	1 25	1 15	13
14	0 59 25	12 04 18	1 37	1 29	1 15	13
15	0 59 27	11 55 55	0 20	1 32	1 15	12
16	0 59 29	11 52 08	0 56	1 34	1 15	11
17	0 59 32	11 53 10	2 08	1 36	1 15	10
18	0 59 34	11 58 57	3 12	1 38	1 15	10
19	0 59 36	12 09 10	4 08	1 39	1 15	9
20	0 59 38	12 23 11	4 55	1 40	1 15	8
21	0 59 41	12 40 08	5 31	1 41	1 15	7
22	0 59 43	12 58 54	5 56	1 41	1 15	7
23	0 59 45	13 18 08	6 07	1 41	1 15	6
24	0 59 47	13 36 25	6 01	1 41	1 15	5
25	0 59 49	13 52 28	5 35	1 41	1 15	4
26	0 59 51	14 05 14	4 45	1 41	1 15	3
27	0 59 53	14 14 03	3 30	1 41	1 15	3
28	0 59 55	14 18 44	1 54	1 41	1 15	2
29	0 59 56	14 19 32	0 05	1 41	1 15	1
30	0 59 58	14 16 56	1 44	1 40	1 15	0
31	1 00 00	14 11 33	3 19	1 40	1 15	1

NOVEMBER

D	☉	☽	☽Dec.	☿	♀	♂
	° ′ ″	° ′ ″	° ′	° ′	° ′	′
1	1 00 01	14 04 00	4 35	1 40	1 15	2
2	1 00 03	13 54 44	5 28	1 39	1 15	3
3	1 00 04	13 44 05	6 00	1 39	1 15	3
4	1 00 06	13 32 15	6 12	1 38	1 15	4
5	1 00 07	13 19 26	6 07	1 38	1 15	5
6	1 00 09	13 05 51	5 46	1 37	1 15	6
7	1 00 11	12 51 50	5 10	1 37	1 15	7
8	1 00 13	12 37 51	4 19	1 37	1 15	8
9	1 00 14	12 24 30	3 16	1 36	1 15	9
10	1 00 16	12 12 30	2 04	1 36	1 15	10
11	1 00 18	12 02 35	0 47	1 36	1 15	10
12	1 00 20	11 55 29	0 31	1 35	1 15	11
13	1 00 22	11 51 53	1 44	1 35	1 15	12
14	1 00 24	11 52 20	2 50	1 35	1 15	13
15	1 00 26	11 57 15	3 48	1 34	1 15	14
16	1 00 27	12 06 50	4 35	1 34	1 15	15
17	1 00 29	12 21 02	5 14	1 34	1 15	15
18	1 00 31	12 39 29	5 43	1 34	1 15	16
19	1 00 33	13 01 21	6 01	1 33	1 15	17
20	1 00 35	13 25 22	6 04	1 33	1 15	18
21	1 00 36	13 49 45	5 50	1 33	1 15	18
22	1 00 38	14 12 18	5 12	1 33	1 15	19
23	1 00 39	14 30 45	4 07	1 33	1 15	19
24	1 00 41	14 43 05	2 35	1 33	1 15	20
25	1 00 42	14 48 01	0 42	1 32	1 15	21
26	1 00 43	14 45 20	1 15	1 32	1 15	21
27	1 00 45	14 35 56	3 01	1 32	1 15	21
28	1 00 46	14 21 32	4 24	1 32	1 15	22
29	1 00 46	14 04 10	5 21	1 32	1 15	22
30	1 00 47	13 45 45	5 54	1 32	1 15	22

DECEMBER

D	☉	☽	☽Dec.	☿	♀	♂
	° ′ ″	° ′ ″	° ′	° ′	° ′	′
1	1 00 48	13 27 45	6 08	1 31	1 15	23
2	1 00 49	13 11 07	6 04	1 31	1 15	23
3	1 00 50	12 56 14	5 47	1 31	1 15	23
4	1 00 51	12 43 10	5 15	1 31	1 15	23
5	1 00 52	12 31 42	4 31	1 30	1 15	23
6	1 00 53	12 21 37	3 33	1 30	1 15	23
7	1 00 54	12 12 43	2 25	1 29	1 15	23
8	1 00 55	12 04 59	1 10	1 29	1 15	23
9	1 00 56	11 58 35	0 08	1 28	1 15	23
10	1 00 57	11 53 52	1 24	1 27	1 15	23
11	1 00 58	11 51 22	2 32	1 27	1 15	22
12	1 00 59	11 51 43	3 30	1 25	1 15	22
13	1 01 00	11 55 34	4 19	1 24	1 15	22
14	1 01 01	12 03 32	4 57	1 23	1 15	21
15	1 01 02	12 16 04	5 26	1 21	1 15	21
16	1 01 03	12 33 24	5 46	1 19	1 15	20
17	1 01 04	12 55 19	5 55	1 17	1 15	20
18	1 01 05	13 21 07	5 50	1 14	1 15	19
19	1 01 05	13 49 17	5 26	1 11	1 15	19
20	1 01 06	14 17 32	4 37	1 07	1 15	18
21	1 01 07	14 42 48	3 19	1 02	1 15	18
22	1 01 08	15 01 49	1 33	0 57	1 15	17
23	1 01 08	15 11 41	0 29	0 52	1 15	16
24	1 01 09	15 10 55	2 29	0 45	1 15	16
25	1 01 09	14 59 53	4 08	0 38	1 15	15
26	1 01 09	14 40 39	5 17	0 29	1 15	14
27	1 01 09	14 16 21	5 58	0 20	1 15	13
28	1 01 09	13 50 14	6 14	0 10	1 15	12
29	1 01 09	13 24 59	6 11	0 01	1 15	12
30	1 01 09	13 02 24	5 53	0 13	1 15	11
31	1 01 09	12 43 23	5 21	0 25	1 15	10

JANUARY

Day	Time	Aspect	
1 Sa	08 16	☽□♆	B
	09 50	☉△♅	
	12 02	☽⊻♀	g
	16 37	☽⚼♅	b
	16 38	☽⊻♇	g
	18 16	☽∠♄	b
	22 13	☽⊻☿	g
	23 02	☽♑	
2 Su	00 13	☽✶♃	G
	07 10	☿♒	
	12 12	☉⊻♄	
	12 40	♂∥♇	
	16 20	☽△♅	G
	18 10	☽⊻♄	g
	18 33	☽☌☉	D
	21 55	☽⊻♂	g
	23 44	☿⊻♃	
3 Mo	00 17	☽∠♃	b
	07 52	☽✶♆	G
	09 59	☽☌♀	G
	16 20	☽☌♇	D
	19 03	☉∥♂	
	22 44	☽♒	
	23 04	☽∠♂	b
4 Tu	00 34	☽⊻♃	g
	02 37	☽☌☿	G
	07 59	☽∠♆	b
	09 04	♀⊥♂	
	11 50	☽∥♂	B
	12 48	☽∥☉	G
	13 09	☽∥♇	D
	16 25	☽□♅	B
	18 44	☽☌♄	B
	22 23	☽⊻☉	g
5 We	00 12	☉∥♇	
	00 45	☽✶♂	G
	01 47	☽∥☿	G
	04 27	♀∥♄	
	08 41	☽⊻♆	g
	08 59	☽⊻♀	g
	16 03	♀✶♆	
	16 31	☽∥♄	B
	16 51	☽∥♀	G
	17 38	☽⊻♇	g
6 Th	00 17	☽♓	
	01 27	☽∠☉	b
	02 57	☽☌♃	G
	07 30	♂±♅	
	07 40	☽#♅	B
	09 07	☽⊻☿	g
	09 25	☽∠♀	b
	19 04	☽✶♅	G
	19 30	☽∠♇	b
	20 46	☽∥♃	G
	22 01	☽⊻♄	g
	22 48	☿∠♆	
7 Fr	02 55	☉∠♃	
	05 41	☽✶☉	G
	06 55	☽□♂	B
	10 41	☽✶♀	G
	12 40	☽☌♆	D
	13 49	☽∠☿	b
	21 51	☽∠♅	b
	22 23	☽✶♇	G
8 Sa	01 10	☽∠♄	b
	03 03	☽∥♆	D
	05 26	☽♈	
	09 11	☽⊻♃	g
	19 37	☽✶☿	G
	22 48	♀⊻♂	
9 Su	00 48	☉☌♀	
	01 44	☽⊻♅	g
	05 14	♃⊥♇	
	05 27	☽✶♄	G
	09 32	☉⊻♂	
	13 59	☽∠♃	b
	16 01	☽□♀	B
	17 58	☽△♂	G
	18 11	☽□☉	B
	19 04	☽#♆	D
	20 52	☽⊻♆	g
10 Mo	07 23	☽□♇	B
	14 47	☽♉	
	19 48	☽✶♃	G
	22 24	♀∠♃	
11 Tu	00 46	♂⊥♇	
	01 14	☽⚼♂	b
	02 25	☽∠♆	b
	02 33	☽#♃	G
	03 28	☉✶♆	
	09 38	☽□☿	B
	12 21	☽☌♅	B
	15 50	♂Q♃	
	16 53	☽□♄	B
	19 02	☽∥♅	B
	20 33	☿∥♄	
	21 43	♂□♆	
12 We	00 34	☽△♀	G
	07 22	☽#♀	G
	08 38	☽✶♆	G
	10 28	☽#☿	G
	11 20	☽△☉	G
	11 39	☽#♄	B
	19 39	☽△♇	G
13 Th	03 08	☽♊	
	05 35	☽⚼♀	b
	09 24	☽□♃	B
	12 37	☽#☉	G
	20 45	☽⚼☉	b
	21 54	☽#♇	D
14 Fr	00 10	☽△☿	G
	01 12	☽⊻♅	g
	02 18	☽⚼♇	b
	06 10	☽#♂	B
	06 26	☽△♄	G
	11 41	☿Stat	
	20 39	☿∥♀	
	21 50	☽□♆	B
15 Sa	02 21	☽☍♂	B
	06 37	☽⚼☿	b
	07 43	☽∠♅	b
	13 13	☽⚼♄	b
	16 11	☽♋	
	23 31	☽△♃	G
16 Su	13 58	☽✶♅	G
	14 51	☉☌♇	
	20 50	☽☍♀	B
17 Mo	03 22	☿∠♂	
	06 07	☽⚼♃	b
	10 19	☽△♆	G
	19 44	♀⊻♄	
	21 08	☽☍♇	B
	23 48	☽☍☉	B
18 Tu	04 03	☽♌	
	06 31	☉⊥♃	
	11 44	☽#♂	B
	15 27	♅Stat	
	15 54	☽⚼♆	b
	18 11	♂⚼♅	
	20 39	☽☍☿	B
	21 38	☽#♇	D
19 We	01 11	☽□♅	B
	01 37	☽⚼♂	b
	07 19	☽☍♄	B
	14 20	☽#☉	G
	18 30	♂⊻♇	
20 Th	02 39	☉♒	
	07 32	☽#♄	B
	08 15	☽△♂	G
	09 44	☽⚼♀	b
	13 36	☽#♀	G
	14 02	☽♍	
	15 27	☽#☿	G
	21 50	☽∥♅	B
	22 58	☽☍♃	B
21 Fr	05 14	☿∠♆	
	10 28	☽△♅	G
	11 56	☽⚼♇	b
	13 19	☽△♀	G
	17 16	☽#♃	G
	21 42	☽⚼☉	b
22 Sa	03 36	☽⚼☿	b
	04 00	☿⊻♃	
	05 43	☽☍♆	B
	12 35	☿⊥♂	
	14 22	☽⚼♅	b
	15 53	☽△♇	G
	19 46	☽□♂	B
	19 48	☽#♆	D
	20 56	☽⚼♄	b
	22 03	☽♎	
23 Su	03 42	☽△☉	G
	04 47	☽△☿	G
	10 28	☉☌☿	
	11 26	☿∥♀	
	19 22	☽□♀	B
	20 48	♂∠♄	
24 Mo	00 26	☽△♄	G
	08 56	☽∥♆	D
	11 07	☽⚼♃	b
	12 53	♂♑	
	22 10	☽□♇	B
25 Tu	03 57	☽♏	
	04 48	☽✶♂	G
	05 51	☽□☿	B
	08 55	☽∥♃	G
	12 46	☿⊻♂	
	13 41	☽□☉	B
	14 01	☽△♃	G
	14 53	☽⚼♆	b
	19 32	☉⊻♃	
	22 52	☽☍♅	B
	23 41	☽✶♀	G
26 We	03 05	☿♑	
	04 03	☽#♅	B
	05 15	☿⊥♃	
	05 42	☽□♄	B
	06 21	☉∠♆	
	08 18	☽∠♂	b
	10 50	☽∥♀	G
	13 44	☽∥☿	G
	15 44	☽∥♄	B
	16 47	☽△♆	G
	22 31	☽∥☉	G
27 Th	01 08	☽∠♀	b
	02 10	☽✶♇	G
	05 28	☽✶☿	G
	07 34	☽♐	
	11 09	☽⊻♂	g
	18 02	☽□♃	B
	20 47	☽✶☉	G
	21 45	☽∥♇	D
28 Fr	02 08	☽⊻♀	g
	03 19	☽∠♇	b
	04 29	☿∥♄	
	04 51	☽∠☿	b
	07 38	☽∥♂	B
	08 39	☽✶♄	G
	19 00	☽□♆	B
	23 23	☽∠☉	b
29 Sa	02 25	☽⚼♅	b
	04 02	☽⊻♇	g
	04 03	☽⊻☿	g
	04 16	☿☌♇	
	08 46	♀Stat	
	09 09	☽♑	
	09 26	☽∠♄	b
	15 10	☽☌♂	B
	17 00	☉⊥♂	
	20 03	☽✶♃	G
30 Su	01 34	☽⊻☉	g
	02 47	☽△♅	G
	03 08	☽☌♀	G
	08 27	☉∥☿	
	09 56	☽⊻♄	g
	19 32	☉□♅	
	19 48	☽✶♆	G
	20 41	☽∠♃	b
31 Mo	01 29	☉⊻♀	
	02 26	☽☌☿	G
	04 44	☽☌♇	D
	09 37	♄⊥♆	
	09 43	☽♒	
	15 07	☽∥♂	B
	18 14	☽⊻♂	g
	20 08	☽∠♆	b
	21 22	☽⊻♃	g

FEBRUARY

Day	Time	Aspect	
1 Tu	00 44	☽∥♇	D
	03 25	☽□♅	B
	03 58	☽⊻♀	g
	05 46	☽☌☉	D
	11 01	☽☌♄	B
	16 01	☉∥♄	
	20 05	☽∠♂	b
	20 46	☽⊻♆	g
2 We	01 06	☽∥☿	G
	02 05	☽⊻☿	g
	04 55	☽∠♀	b
	05 57	☽⊻♇	g
	07 15	☽∥♄	B
	08 04	☽∥☉	G
	10 23	☽∥♀	G
	10 59	☽♓	
	17 34	☽#♅	B
	22 33	☽✶♂	G
	23 57	☽☌♃	G
3 Th	02 59	☽∠☿	b
	05 30	☽✶♅	G
	06 35	☽✶♀	G
	07 24	☽∠♇	b
	11 52	☽⊻☉	g
	13 54	☽⊻♄	g
	15 55	☽∥♃	G
	20 12	☉∥♀	
	23 54	☽☌♆	D
4 Fr	04 14	☿Stat	
	04 55	☽✶☿	G
	07 42	☽∠♅	b
	09 35	☉⊥♆	
	09 41	☽✶♇	G
	13 03	☽∥♆	D
	13 38	♂✶♃	
	14 56	☽♈	
	16 26	☽∠☉	b
	16 36	☽∠♄	b
	19 05	☉☌♄	
5 Sa	05 48	☽⊻♃	g
	06 27	☽□♂	B
	10 53	☽⊻♅	g
	12 56	☽□♀	B
	20 22	☽✶♄	G
	22 17	☽✶☉	G
6 Su	01 18	☽#♆	D
	06 47	☽⊻♆	g
	10 21	☽∠♃	b
	12 42	☽□☿	B
	17 15	♂Q♆	
	17 21	☽□♇	B
	22 51	☽#♃	G
	22 52	☽♉	
7 Mo	11 14	☉⊥♀	
	11 48	☽∠♆	b
	15 02	♂⊥♄	
	15 58	☽✶♃	G
	19 12	☽△♂	G
	20 22	☽☌♅	B
8 Tu	00 00	☽△♀	G
	01 42	☽∥♅	B
	03 06	☽#☉	G
	07 01	☽□♄	B
	11 16	☽#♀	G
	12 26	☽#♄	B
	13 50	☽□☉	B
	14 57	♂△♅	
	17 40	☽✶♆	G
	22 57	☉#♅	
9 We	01 48	☽△☿	G
	03 08	☽⚼♂	b
	03 45	☽#☿	G
	04 48	☽△♇	G
	07 01	☽⚼♀	b
	10 27	☽♊	
10 Th	02 15	☽#♇	D
	05 28	☽□♃	B
	08 53	☽⊻♅	g
	09 48	☽⚼☿	b
	10 59	☽#♂	B
	11 20	☽⚼♇	b
	12 29	☉⊻♆	
	20 20	☽△♄	G
11 Fr	03 59	♀∥♄	
	06 43	☽□♆	B
	08 23	☽△☉	G
	14 04	☿☌♇	
	15 28	☽∠♅	b
	23 27	☽♋	
12 Sa	03 08	☽⚼♄	b
	17 34	☽⚼☉	b
	19 35	☽△♃	G
	21 49	☽✶♅	G
13	04 21	☽☍♂	B

Day	Time	Aspect	
Su	05 45	☽☍♀	B
	19 15	☽△♆	G
14 Mo	02 01	☽⚼♃	b
	06 07	☽☍♇	B
	10 27	☽☍☿	B
	11 17	☽♌	
	21 54	☿♒	
	23 55	☽#♂	B
15 Tu	00 43	☽⚼♆	b
	05 52	☽#♇	D
	08 56	☽□♅	B
	20 38	☽☍♄	B
16 We	01 54	☽#☿	G
	03 17	☉⚺♇	
	14 29	♀☌♂	
	16 56	☽#♀	G
	16 56	☽☍☉	B
	19 03	☽#♄	B
	20 42	☽♍	
17 Th	00 42	☽⚼♀	b
	00 50	☽⚼♂	b
	03 21	☽∥♅	B
	08 34	♂⚺♄	
	14 09	♀⚺♄	
	17 26	☽☍♃	B
	17 33	☽△♅	G
	17 39	☽#☉	G
	19 52	☽⚼♇	b
	22 02	☉Q♅	
18 Fr	00 13	♃✱♅	
	05 47	☽△♀	G
	06 13	☽△♂	G
	06 39	☽⚼☿	b
	09 30	☽#♃	G
	13 22	☽☍♆	B
	16 43	☉♓	
	21 02	☽⚼♅	b
	23 20	☽△♇	G
19 Sa	02 24	☽#♆	D
	03 51	☽♎	
	08 41	☽⚼♄	b
	12 18	☽△☿	G
20 Su	09 50	☽⚼☉	b
	11 46	☽△♄	G
	12 03	☽∥♆	D
	12 13	☿⊥♃	
	14 33	☽□♀	B
	15 25	☽□♂	B
21 Mo	03 28	☽∥♃	G
	03 59	☽⚼♃	b
	05 02	☽□♇	B
	09 19	☽♏	
	13 44	☽∥☉	G
	14 28	☽△☉	G
	15 13	☿∠♆	
	21 51	☽⚼♆	b
	22 27	☽□☿	B
22 Tu	05 10	☽☍♅	B
	06 17	☉⊥♇	
	06 45	☽△♃	G
	09 07	☽#♅	B
	15 33	☽∥♄	B
	16 53	☽□♄	B
	18 59	☽∥♀	G
	21 55	☽✱♀	G
	22 58	☽✱♂	G
23 We	00 00	☽△♆	G
	03 37	☽∥☿	G
	09 15	♂∥♇	
	09 24	☽✱♇	G
	13 29	☽♐	
	19 12	♂✱♆	
	22 16	♃∠♇	
	22 32	☽□☉	B
24 Th	01 00	☽∥♂	B
	01 07	☽∠♀	b
	01 27	☽∥♇	D
	02 12	☽∠♂	b
	07 17	☽✱☿	G
	11 07	☽∠♇	b
	11 19	☽□♃	B
	16 04	♀✱♆	
	20 45	☽✱♄	G
25 Fr	02 22	☿□♅	
	03 24	☽□♆	B
	04 00	☽⚺♀	g
	05 06	☽⚺♂	g
	10 27	☽⚼♅	b
	11 14	☽∠☿	b
	12 33	☽⚺♇	g
	16 27	☽♑	
	22 15	☽∠♄	b
26 Sa	05 10	☽✱☉	G
	11 40	☽△♅	G
	12 16	☿⚺♃	
	14 43	☽✱♃	G
	14 56	☽⚺☿	g
	23 32	☽⚺♄	g
27 Su	05 49	☽✱♆	G
	08 06	☽∠☉	b
	09 06	☽☌♀	G
	10 06	☽☌♂	B
	14 49	☽☌♇	D
	16 10	☽∠♃	b
	18 36	☽♒	
28 Mo	06 53	☽∠♆	b
	10 59	☽⚺☉	g
	11 14	☽∥♇	D
	13 50	☽□♅	B
	15 03	☽∥♂	B
	17 37	☽⚺♃	g
	19 58	☿⊥♆	
	22 11	☽☌☿	G
MARCH			
1 Tu	02 01	☽☌♄	B
	08 05	☽⚺♆	g
	14 14	☽⚺♀	g
	15 02	☽⚺♂	g
	17 07	☽∥☿	G
	17 09	☽⚺♇	g
	17 34	☽∥♀	G
	20 53	☽♓	
	21 35	☽∥♄	B
2 We	00 24	☿∥♀	
	02 24	☽#♅	B
	02 49	☉∠♀	
	05 05	☉✱♅	
	11 54	☉∥♃	
	16 33	☿☌♄	
	16 43	☽✱♅	G
	17 23	☽∠♀	b
	17 35	☽☌☉	D
	18 03	☽∠♂	b
	18 48	☽∠♇	b
	21 24	☽☌♃	G
3 Th	05 36	☽⚺♄	g
	07 00	☽⚺☿	g
	08 43	♂☌♇	
	10 58	☉∠♇	
	11 37	☽☌♆	D
	11 54	☽∥♃	G
	13 09	☽∥☉	G
	17 14	☉∠♂	
	17 56	♀☌♇	
	18 55	☽∠♅	b
	21 03	☽✱♇	G
	21 15	☽✱♀	G
	21 45	☽✱♂	G
4 Fr	00 03	☽∥♆	D
	00 52	☽♈	
	08 20	☽∠♄	b
	12 46	☽∠☿	b
	13 33	☿∥♄	
	21 55	☽⚺♅	g
5 Sa	03 05	☽⚺☉	g
	03 44	☽⚺♃	g
	03 50	☿⚺♆	
	08 23	☽#♆	D
	11 56	☽✱♄	G
	14 06	☉☌♃	
	16 23	☽#☉	G
	18 01	☽⚺♆	g
	19 49	☽✱☿	G
	20 17	☽#♃	G
6 Su	04 02	☽□♇	B
	06 23	♂♒	
	06 30	♀♒	
	07 12	♀☌♂	
	08 00	☽♉	
	08 06	☽□♂	B
	08 06	☽□♀	B
	08 18	☽∠♃	b
	09 29	☽∠☉	b
	11 49	♀∠♃	
	12 57	♂∠♃	
	17 41	☿#♅	
	22 36	☽∠♆	b
7 Mo	06 38	☽☌♅	B
	08 53	☽#☿	G
	10 23	☽∥♅	B
	13 49	☽✱♃	G
	14 31	☽#♄	B
	17 03	☽✱☉	G
	18 15	☽#♀	G
	21 56	☽□♄	B
8 Tu	04 03	☽✱♆	G
	14 04	☽□☿	B
	14 35	☽△♇	G
	18 05	☿⚺♇	
	18 40	☽♊	
	19 00	☽#♂	B
	22 40	☽△♂	G
	23 27	☽△♀	G
9 We	07 25	☽#♇	D
	18 35	☽⚺♅	g
	20 51	☽⚼♇	b
	23 41	☿Q♅	
10 Th	01 32	☿♓	
	03 07	☽□♃	B
	07 03	☽⚼♂	b
	08 18	☽⚼♀	b
	10 45	☽□☉	B
	10 48	☽△♄	G
	11 17	☉⚺♄	
	16 43	☽□♆	B
	18 30	☉∥♆	
11 Fr	01 09	☽∠♅	b
	07 24	☽♋	
	12 00	☽△☿	G
	17 32	☽⚼♄	b
12 Sa	07 37	☽✱♅	G
	14 42	☿⊥♇	
	17 07	☽△♃	G
	22 56	☽⚼☿	b
13 Su	04 52	☽△☉	G
	05 25	☽△♆	G
	09 44	☿⚺♂	
	11 43	☉☌♆	
	15 44	☽☍♇	B
	19 32	☽♌	
	23 27	☽⚼♃	b
14 Mo	07 17	☽☍♂	B
	10 00	☽☍♀	B
	10 59	☽⚼♆	b
	12 56	☽⚼☉	b
	15 50	☽#♇	D
	19 02	☽□♅	B
	23 15	♀∠♆	
	23 51	☿⚺♀	
15 Tu	10 35	☽#♂	B
	10 56	☽☍♄	B
16 We	04 59	☽♍	
	08 12	☽#♀	G
	08 20	☽#♄	B
	10 17	☽∥♅	B
	13 46	♀∥♄	
	23 04	♂∠♆	
17 Th	02 08	☽☍☿	B
	03 25	☽△♅	G
	05 02	☉⊥♄	
	05 11	☽⚼♇	b
	12 13	☿✱♅	
	13 44	☽☍♃	B
	14 00	☽#☿	G
	20 13	☉∠♅	
	23 02	☽☍♆	B
18 Fr	00 23	☽⚼♂	b
	01 47	☿∠♇	
	03 53	☽#♃	G
	04 22	☽⚼♀	b
	06 31	☽⚼♅	b
	07 18	☽☍☉	B
	08 11	☽△♇	G
	11 24	☽#♆	D
	11 26	☽♎	
	19 37	☉✱♇	
	20 37	♀#♅	
	21 36	☽⚼♄	b
	23 43	☽#☉	G
19 Sa	04 29	☽△♂	G
	04 31	☽∥☉	G
	08 52	☽△♀	G
	11 16	♀□♅	
	12 33	♀⊥♃	
	16 55	☽∥♆	D
	18 24	☿⊥♂	
	23 37	☽∥♃	G
	23 59	☽△♄	G
20 Su	06 14	☽∥☿	G
	12 40	☽□♇	B
	15 33	☉♈	
	15 45	☽♏	
	21 02	☽⚼☿	b
	22 03	☽⚼♃	b
21 Mo	05 45	☽⚼♆	b
	06 06	☿☌♃	
	11 17	☽□♂	B
	12 58	☽☍♅	B
	13 23	☽∥♀	G
	15 39	☽#♅	B
	16 21	☽∥♄	B
	16 33	☽□♀	B
	19 24	☽⚼☉	b
22 Tu	00 09	☽△♃	G
	02 26	☽△☿	G
	03 49	☽□♄	B
	06 01	☽∥♂	B
	07 26	☽△♆	G
	13 48	☿⚺♄	
	16 01	☽✱♇	G
	18 59	☽♐	
	20 44	♂□♅	
	20 49	☿⊥♀	
	21 27	☿∥♃	
	22 52	☽△☉	G
23 We	04 52	☽∥♇	D
	17 12	☽✱♂	G
	17 31	☽∠♇	b
	17 44	☿☌♆	
	23 29	☽✱♀	G
24 Th	03 59	☽□♃	B
	05 10	♂⊥♃	
	07 09	☽✱♄	G
	10 30	☽□♆	B
	11 24	♀⊥♆	
	12 59	☽□☿	B
	17 42	☽⚼♅	b
	19 00	☽⚺♇	g
	20 04	☽∠♂	b
	20 10	☿∥♆	
	21 54	☽♑	
25 Fr	02 54	☽∠♀	b
	04 03	♄#♅	
	05 37	☽□☉	B
	08 47	☽∠♄	b
	19 16	☽△♅	G
	22 59	☽⚺♂	g
	23 52	☿⊥♄	
26 Sa	01 25	☿∠♅	
	06 22	☽⚺♀	g
	07 48	☽✱♃	G
	10 27	☽⚺♄	g
	10 35	☿✱♇	
	12 37	☉#☿	
	13 37	☽✱♆	G
	22 04	☽☌♇	D
	23 51	☽✱☿	G
27 Su	00 55	☽♒	
	07 11	☉∠♄	
	07 34	♀⚺♃	
	07 44	☿♈	
	08 38	☉⊥♅	
	09 50	☽∠♃	b
	12 35	☽✱☉	G
	15 18	☽∠♆	b
	19 24	☽∥♇	D
	22 38	☽□♅	B
28 Mo	00 05	☿∠♂	
	05 08	☽☌♂	B
	05 38	☽∠☿	b
	12 02	☽⚺♃	g
	13 48	☽☌♀	G
	14 11	☽☌♄	B
	16 20	☽∠☉	b

Day	Time	Aspect	
	17 10	☽⊻♆	g
	19 27	♀☌♄	
29	01 40	☽⊻♇	g
Tu	01 43	☽∥♂	B
	04 32	☽♓	
	08 51	☽#♅	B
	09 43	☽∥♄	B
	11 52	☽⊻☿	g
	13 11	♂⊥♆	
	19 41	☽∥♀	G
	20 27	☽⊻☉	g
	20 31	☉#♆	
30	02 54	☽⚹♅	G
We	03 55	☽∠♇	b
	12 15	♀⊻♆	
	12 27	☽⊻♂	g
	17 24	☽☌♃	G
	19 03	☽⊻♄	g
	19 35	☿⊥♅	
	20 51	☿∠♄	
	21 55	☽☌♆	D
	22 42	☽⊻♀	g
31	03 10	☉Q♇	
Th	05 39	☽∠♅	b
	06 37	☽⚹♇	G
	06 51	☽∥♃	G
	07 52	☽#☉	G
	09 30	☽♈	
	10 16	☽∥♆	D
	16 04	☽#☿	G
	16 55	☽∠♂	b
	20 23	☉#♃	
	22 14	☽∠♄	b
APRIL			
1	02 34	☽☌☿	G
Fr	04 07	☽∠♀	b
	06 24	☽☌☉	D
	08 58	☽⊻♅	g
	12 39	☽∥☿	G
	14 23	☿Q♇	
	15 19	☽#♆	D
	18 20	☽#♃	G
	20 16	☽∥☉	G
	21 48	☿∠♀	
	22 07	☽⚹♂	G
2	00 57	☽⊻♃	g
Sa	02 04	☽⚹♄	G
	04 49	☽⊻♆	g
	05 24	☿#♆	
	10 24	☽⚹♀	G
	13 51	☽□♇	B
	16 50	☽♉	
	18 10	☉⊻♅	
	20 49	☿⊻♅	
	21 54	☿#♃	
	23 11	☉☌☿	
3	02 46	☽#♀	G
Su	05 50	☽∠♃	b
	09 20	☽∠♆	b
	17 47	☽☌♅	B
	18 12	☽#♄	B
	19 43	☽⊻☉	g
	20 20	☽∥♅	B
	20 55	☽#♂	B
	21 50	☽⊻☿	g
4	04 16	♀⊻♇	
Mo	08 03	♂#♅	
	11 09	☽□♂	B
	11 29	☽⚹♃	G
	11 58	☽□♄	B
	14 36	☽⚹♆	G
	16 57	☉∥☿	
	18 47	♂⊻♃	
5	00 00	☽△♇	G
Tu	01 51	♂☌♄	
	01 53	☽□♀	B
	03 04	☽♊	
	03 45	☽∠☉	b
	09 24	☽∠☿	b
	14 01	☽#♇	D
	15 18	♀♓	
6	03 24	♃⊻♄	
We	05 25	☽⊻♅	g
	06 01	☽⚼♇	b
	10 43	♂∥♄	
	12 32	☽⚹☉	G
	17 53	♀Q♅	
	21 34	♂⊻♆	
	21 57	☽⚹☿	G
7	00 26	☽△♄	G
Th	00 42	☽□♃	B
	02 54	☽□♆	B
	03 15	☽△♂	G
	11 54	☽∠♅	b
	12 37	☿⚹♄	
	15 14	☿⊻♃	
	15 30	☽♋	
	20 19	☽△♀	G
8	02 33	☿⊻♆	
Fr	07 05	☽⚼♄	b
	11 45	☽⚼♂	b
	18 19	☿⚹♂	
	18 28	☽⚹♅	G
9	02 59	☿#♀	
Sa	05 44	☽⚼♀	b
	06 48	☽□☉	B
	14 36	☽△♃	G
	15 46	☽△♆	G
	19 31	♀⊥♇	
	23 25	☽□☿	B
10	01 01	☽☍♇	B
Su	04 00	☽♌	
	08 45	☿□♇	
	20 57	☽⚼♃	b
	21 20	☿⊥♃	
	21 37	☽⚼♆	b
11	01 17	☿⊥♆	
Mo	01 56	☽#♇	D
	02 09	☿♉	
	06 25	☽□♅	B
	09 28	♃∥♆	
	23 01	☽△☉	G
12	00 50	☽☍♄	B
Tu	10 17	☽☍♂	B
	14 07	☽♍	
	14 42	♃☌♆	
	16 09	☉#♀	
	17 57	☽∥♅	B
	20 27	☿#♂	
	20 55	☽△☿	G
	21 52	☽#♄	B
13	00 14	☉⚹♄	
We	03 25	☽∥☿	G
	04 30	♂⊻♇	
	04 59	☽#♂	B
	05 27	☽☍♀	B
	05 34	☽⚼☉	b
	14 45	☿Q♄	
	15 13	☽⚼♇	b
	15 16	☽△♅	G
	16 07	☉∠♀	
	22 25	☽∥☉	G
	23 48	☉⊻♆	
14	02 23	☽#♀	G
Th	05 18	☽⚼☿	b
	08 14	☉⊻♃	
	10 11	☽☍♆	B
	10 49	☽☍♃	B
	11 50	☿#♄	
	18 11	☽△♇	G
	18 20	☽⚼♅	b
	20 46	☽♎	
	22 24	☽#♆	D
	23 27	☽#♃	G
15	03 06	♂♓	
Fr	11 13	☽⚼♄	b
	14 11	☿∥♅	
	15 31	☿∠♆	
	23 12	☽∥♃	G
	23 49	☿∠♃	
16	00 00	☽⚼♂	b
Sa	00 30	☽∥♆	D
	13 07	☽△♄	G
	16 07	☽∥♀	G
	18 55	☽☍☉	B
	19 37	☽⚼♀	b
	21 57	☽□♇	B
17	00 23	☽♏	
Su	02 55	☽△♂	G
	03 48	☽#☉	G
	10 39	☽∥♂	B
	11 27	♂Q♅	
	15 42	☽⚼♆	b
	17 20	☽⚼♃	b
	20 59	☽∥♄	B
	22 43	☽☍☿	B
	22 51	☽△♀	G
	23 28	☽☍♅	B
18	01 09	☿⚹♀	
Mo	01 17	☽#♅	B
	01 43	♀∠♇	
	04 51	☿☌♅	
	07 15	♀⚹♅	
	10 35	☽#☿	G
	15 14	☉□♇	
	15 31	☽□♄	B
	16 40	☽△♆	G
	16 51	☿Q♂	
	18 37	☽△♃	G
	23 55	☽⚹♇	G
19	02 16	☽♐	
Tu	07 30	☽□♂	B
	11 08	☽∥♇	D
20	00 41	☽∠♇	b
We	01 48	☉#♂	
	02 24	☉♉	
	03 04	☽⚼☉	b
	04 33	☽□♀	B
	08 12	☉⊥♆	
	17 18	☽⚹♄	G
	18 20	☽□♆	B
	20 56	☽□♃	B
21	01 31	☽⊻♇	g
Th	02 10	☽⚼♅	b
	03 52	☽♑	
	04 30	♂⊥♇	
	05 43	☽△☉	G
	11 02	☽⚼☿	b
	11 53	☽⚹♂	G
	18 22	☽∠♄	b
22	03 18	☽△♅	G
Fr	06 46	☉⊥♃	
	10 42	☽⚹♀	G
	14 26	☽∠♂	b
	15 13	☽△☿	G
	19 43	☽⊻♄	g
	20 38	☽⚹♆	G
	23 58	☽⚹♃	G
23	03 53	☽☌♇	D
Sa	06 17	☽♒	
	11 56	☽□☉	B
	14 22	☽∠♀	b
	17 24	☽⊻♂	g
	22 17	☽∠♆	b
24	01 34	☽∥♇	D
Su	02 02	☽∠♃	b
	06 35	☽□♅	B
	09 38	☽#☿	G
	13 50	☿□♄	
	18 33	☽⊻♀	g
	22 37	☿⚹♆	
	23 33	☽☌♄	B
25	00 22	☽⊻♆	g
Mo	00 33	☽□☿	B
	04 32	☽⊻♃	g
	07 46	☽⊻♇	g
	10 15	☽♓	
	13 01	☽#♅	B
	18 57	☽∥♄	B
	20 09	☽⚹☉	G
	23 41	☽#☉	G
26	00 51	☽☌♂	B
Tu	05 58	☉Q♄	
	10 25	☽∠♇	b
	11 39	☽⚹♅	G
	15 58	☽∥♂	B
27	01 10	☽∠☉	b
We	04 50	☽☌♀	G
	05 11	☿⚹♃	
	05 18	☽⊻♄	g
	06 02	☽☌♆	D
	10 43	♀⊻♄	
	11 07	☽☌♃	G
	11 35	☽⚹☿	G
	13 36	☽⚹♇	G
	14 59	☽∠♅	b
	16 10	☽♈	
	18 31	☽∥♀	G
	18 36	☽∥♆	D
	19 11	♀☌♆	
	19 35	♀∥♆	
	23 33	☽∥♃	G
28	02 08	☿#♇	
Th	06 52	☽⊻☉	g
	09 00	☽∠♄	b
	10 45	☽⊻♂	g
	12 05	☿△♇	
	15 55	☽#♃	G
	17 47	☽∠☿	b
	18 52	☽⊻♅	g
	19 31	☽#♀	G
	21 07	☽#♆	D
29	02 32	☉#♄	
Fr	13 16	☽⚹♄	G
	13 53	☽⊻♆	g
	16 43	☽∠♂	b
	17 59	☽⊻♀	g
	18 37	♇Stat	
	20 01	☽⊻♃	g
	20 50	☽#♂	B
	21 07	☉∠♆	
	21 38	☽□♇	B
	22 23	☿♊	
30	00 19	☽♉	
Sa	00 28	☽⊻☿	g
	18 41	☽∠♆	b
	20 28	☽☌☉	D
	21 14	♀☌♃	
	22 48	☽#♄	B
	23 23	☽⚹♂	G
MAY			
1	01 22	☽∠♃	b
Su	01 43	☽∠♀	b
	01 59	☽∥☉	G
	04 24	☽☌♅	B
	06 13	☽∥♅	B
	10 37	♀⚹♇	
	12 43	♀∥♃	
	23 33	☽□♄	B
2	00 04	☽⚹♆	G
Mo	07 19	☽⚹♃	G
	08 00	☽△♇	G
	08 15	♀∠♅	
	10 13	☽⚹♀	G
	10 46	☽♊	
	15 05	☽☌☿	G
	16 10	♀♈	
	21 32	☽#♇	D
3	00 10	♀⊥♄	
Tu	02 50	♂∠♇	
	04 26	☽∥☿	G
	12 54	☽⊻☉	g
	13 56	☽⚼♇	b
	14 41	☽□♂	B
	16 10	☽⊻♅	g
	22 33	♃⚹♇	
4	00 51	☉∥♅	
We	02 29	☉∠♃	
	11 51	☽△♄	G
	12 16	☽□♆	B
	15 47	♂⚹♅	
	20 37	☽□♃	B
	21 54	☽∠☉	b
	22 38	☽∠♅	b
	23 05	☽♋	
5	04 57	☽□♀	B
Th	06 33	☽⊻☿	g
	07 21	☉☌♅	
	18 24	☽⚼♄	b
6	05 13	☽⚹♅	G
Fr	06 01	☿⚹♀	
	07 03	☽⚹☉	G
	07 34	☽△♂	G
	14 03	☽∠☿	b
7	01 13	☽△♆	G
Sa	08 59	☽☍♇	B
	09 48	☉⚹♂	
	10 25	☽△♃	G
	11 50	☽♌	
	15 53	☽⚼♂	b
	20 59	☽⚹☿	G
8	00 02	☽△♀	G
Su	04 15	☽∥☿	G

	07 20	☽⚼♆	b
	10 16	☽⋕♇	D
	13 46	♀⋕♃	
	16 49	☽⚼♃	b
	17 41	☽□♅	B
9	00 21	☽□☉	B
Mo	08 42	☽⚼♀	b
	12 39	☽☍♄	B
	16 59	☽∥☉	G
	22 53	☽♍	
10	00 46	☽∥♅	B
Tu	08 10	☽□☿	B
	09 27	☽⋕♄	B
	11 48	☿ Stat	
	14 56	♀⊥♅	
	23 22	♃♈	
11	00 33	☽⚼♇	b
We	03 27	☽△♅	G
	04 33	♀∠♄	
	12 17	☽☍♂	B
	14 02	☽△☉	G
	20 52	♃∠♅	
	21 17	☽☍♆	B
	21 25	♀Q♇	
12	00 37	☽⋕♂	B
Th	04 00	☽△♇	G
	06 34	☽♎	
	06 56	☽⚼♅	b
	07 02	☽☍♃	B
	08 51	☿⋕♇	
	09 36	☽⋕♆	D
	10 40	☽∥♀	G
	14 54	☽△☿	G
	18 19	☽⋕♃	G
	19 05	☽⚼☉	b
	23 59	☽⚼♄	b
13	01 00	☽∥♃	G
Fr	01 36	♀⋕♆	
	03 49	☽☍♀	B
	09 35	☽∥♆	D
	10 10	☽⋕♀	G
	16 22	☽∥♂	B
	16 39	☽⚼☿	b
14	01 54	☽△♄	G
Sa	08 07	☽□♇	B
	10 34	☽♏	
	13 23	☿Q♂	
	23 06	☽⚼♂	b
15	03 05	☽⚼♆	b
Su	05 18	☽∥♄	B
	12 04	☽☍♅	B
	12 53	☽⚼♃	b
	13 20	☽⋕♅	B
	18 49	☉□♄	
	19 05	♀⋕♂	
	19 05	♃⊥♄	
	19 15	☉⚹♆	
16	01 01	☽△♂	G
Mo	02 14	♀⚺♅	
	02 57	☽⋕☉	G
	03 38	☽□♄	B
	03 40	☽△♆	G
	04 14	☽☍☉	B
	09 28	☽⚹♇	G
	11 50	☽♐	
	13 23	☽⚼♀	b
	13 26	☽⋕☿	G
	13 34	☽△♃	G
	17 19	☽☍☿	B
	20 51	☽∥♇	D
17	09 36	☽∠♇	b
Tu	15 31	☽△♀	G
	15 39	♄⚺♆	
18	02 31	☿∠♀	
We	03 51	☽□♂	B
	03 59	☽□♆	B
	03 59	☽⚹♄	G
	06 33	♂☌♆	
	06 43	♂⚺♄	
	09 39	☽⚺♇	g
	12 02	☽♑	
	12 56	☽⚼♅	b
	14 21	☽□♃	B
19	04 12	☽∠♄	b
Th	09 41	☽⚼☉	b
	12 11	☉△♇	
	13 16	☽△♅	G
	15 26	☽⚼☿	b
	19 18	☉∥☿	
	20 02	☽□♀	B
	23 14	♂∥♆	
20	01 33	☿⚹♃	
Fr	04 41	☽⚹♆	G
	04 43	☽⚺♄	g
	07 07	☽⚹♂	G
	10 24	☽☌♇	D
	11 59	☽△☉	G
	12 53	☽♒	
	15 11	☽△☿	G
	15 54	☽⚹♃	G
21	01 23	☉♊	
Sa	05 40	☽∠♆	b
	07 19	☽∥♇	D
	09 30	☽∠♂	b
	15 16	☽□♅	B
	17 26	☽∠♃	b
	19 18	☉☌☿	
	19 53	☽⋕☉	G
22	02 40	☽⚹♀	G
Su	03 04	☽⋕☿	G
	07 16	☽⚺♆	g
	07 19	☽☌♄	B
	12 39	☽⚺♂	g
	13 10	☽⚺♇	g
	15 49	☽♓	
	16 12	☽□☿	B
	16 31	☽⋕♅	B
	18 43	☽□☉	B
	19 40	☽⚺♃	g
	22 15	♂⚹♇	
23	01 15	☿♉	
Mo	01 57	☽∥♄	B
	07 17	☽∠♀	b
	08 09	☿⊥♀	
	11 05	☉⚹♃	
	15 37	☽∠♇	b
	19 54	☽⚹♅	G
24	03 27	☿⚹♂	
Tu	05 22	☽⋕♀	G
	10 30	♀⚺♆	
	11 06	♀⚹♄	
	12 41	☽☌♆	D
	12 45	☽⚺♄	g
	12 54	☽⚺♀	g
	18 49	☽⚹♇	G
	19 50	☽⚹☿	G
	21 33	☽☌♂	B
	21 39	☽♈	
	23 17	♂♈	
	23 21	☽∠♅	b
25	01 10	☽∥♆	D
We	02 27	☽☌♃	G
	05 03	☽⚹☉	G
	07 24	☽∥♂	B
	13 26	☽⋕♃	G
	13 33	☽∥♃	G
	16 35	☽∠♄	b
	19 00	☽⋕♂	B
	21 49	☿△♇	
	22 42	☽∠☿	b
26	01 54	☽⋕♆	D
Th	03 33	☽⚺♅	g
	07 13	♂∠♅	
	11 35	☽∠☉	b
	13 20	♂⊥♄	
	21 03	☽⚺♆	g
	21 06	☽⚹♄	G
	21 07	☿⚺♀	
27	02 16	☽⚺☿	g
Fr	03 00	☽●♀	G
	03 20	☽□♇	B
	03 50	☽∥♀	G
	06 22	☽♉	
	06 29	♀□♇	
	09 54	☽⚺♂	g
	12 12	☽⚺♃	g
	18 56	☽⚺☉	g
28	02 11	☽∠♆	b
Sa	03 58	☽⋕♄	B
	12 52	☉Q♆	
	13 50	☽☌♅	B
	14 46	♀♉	
	15 02	☽∥♅	B
	16 40	☽∥☿	G
	17 08	☽∠♂	b
	17 58	☽∠♃	b
29	07 49	☽⚹♆	G
Su	07 51	☽□♄	B
	10 31	♂☌♃	
	11 15	☽☌☿	G
	11 36	♂⋕♃	
	14 11	☽△♇	G
	15 28	♀⊥♆	
	17 23	☽♊	
	18 51	☿∥♅	
	20 15	☽⚺♀	g
	23 38	☽∥☉	G
30	00 12	☽⚹♃	G
Mo	00 55	☽⚹♂	G
	05 04	☽⋕♇	D
	11 30	☽☌☉	D
	20 13	☽⚼♇	b
31	02 00	☽⚺♅	g
Tu	05 40	☽∠♀	b
	18 34	♀⚺♃	
	18 37	♂∥♃	
	20 10	☽□♆	B
	20 10	☽△♄	G
	22 03	♄⚺♆	
	22 19	☽⚺☿	g
JUNE			
1	05 49	☽♋	
We	08 30	☽∠♅	b
	13 35	☽□♃	B
	15 24	☽⚹♀	G
	17 31	☽□♂	B
2	02 37	☽⚼♄	b
Th	04 25	☽∠☿	b
	05 33	☽⚺☉	g
	15 05	☽⚹♅	G
3	08 00	☿ Stat	
Fr	09 05	☽△♆	G
	10 44	☽⚹☿	G
	12 16	☉⊥♀	
	14 37	☽∠☉	b
	15 15	☽☍♇	B
	18 38	☽☊	
	19 05	♀Q♄	
	21 18	♀⚺♂	
	22 21	☉⚼♇	
4	03 09	☽△♃	G
Sa	10 15	☽△♂	G
	10 47	☽□♀	B
	15 20	☽⚼♆	b
	16 01	☽⋕♇	D
	16 10	☽∥☉	G
	20 46	☉⋕♇	
	21 47	♄ Stat	
	23 23	☽⚹☉	G
5	03 47	☽□♅	B
Su	09 31	☽⚼♃	b
	18 04	☽⚼♂	b
	21 03	☽☍♄	B
	23 12	☽□☿	B
6	05 43	☽∥♅	B
Mo	06 22	☽♍	
	09 29	♀∠♆	
	10 53	☽∥☿	G
	15 23	♀⊥♃	
	17 23	☽⋕♄	B
	21 55	☽∥♀	G
7	04 05	☽△♀	G
Tu	08 00	☽⚼♇	b
	09 36	☉⚺♅	
	11 41	☉Q♃	
	14 26	☽△♅	G
	14 48	☽□☉	B
	19 19	♂∠♄	
	19 44	♂Q♇	
8	06 44	☽☍♆	B
We	09 56	☽△☿	G
	09 57	♂⊥♅	
	11 14	☽⚼♀	b
	12 09	☽△♇	G
	15 23	☽♎	
	18 31	☽⚼♅	b
	18 59	☽⋕♆	D
	19 51	☽∥♂	B
9	00 26	☽☍♃	B
Th	03 15	☽∥♃	G
	10 00	☽⚼♄	b
	10 15	☽⋕♃	G
	11 35	♀⋕♄	
	12 16	☽☍♂	B
	13 42	♂⋕♆	
	14 08	☽⚼☿	b
	18 17	☽∥♆	D
	18 30	☽⋕♂	B
10	01 57	☽△☉	G
Fr	12 27	☽△♄	G
	17 36	☽□♇	B
	20 41	☽♏	
	21 21	☿△♇	
11	05 44	☽⚼☉	b
Sa	14 15	☽⚼♆	b
	15 31	☽∥♄	B
	18 58	☽⋕♀	G
	22 58	♀☌♅	
	23 37	☽⋕☿	G
12	01 05	☽☍♅	B
Su	01 16	☽☍♀	B
	01 41	☽⋕♅	B
	06 53	☽⚼♃	b
	14 45	☽□♄	B
	15 01	☽△♆	G
	19 34	☽⚹♇	G
	20 50	☽⚼♂	b
	21 40	☽☍☿	B
	22 31	☽♐	
13	04 17	☉±♇	
Mo	07 26	☽△♃	G
	08 20	☽∥♇	D
	12 36	☽⋕☉	G
	15 27	☿♊	
	19 36	☽∠♇	b
	22 05	☽△♂	G
14	00 39	☉⊥♅	
Tu	05 46	☿∥♅	
	11 52	☽☍☉	B
	14 38	☽⚹♄	G
	14 58	☽□♆	B
	19 18	☽⚺♇	g
	22 14	☽♑	
15	01 26	☽⚼♅	b
We	06 19	♀∠♃	
	07 21	☽□♃	B
	07 26	☽⚼♀	b
	14 14	☽∠♄	b
	23 50	☽□♂	B
16	01 00	☽⚼☿	b
Th	01 10	☽△♅	G
	07 13	☉△♄	
	09 09	☽△♀	G
	12 27	♀∥♅	
	13 41	☉□♆	
	13 58	☽⚺♄	g
	14 23	☽⚹♆	G
	18 41	☽☌♇	D
	21 44	☽♒	
17	02 30	☽△☿	G
Fr	05 37	♂⚺♅	
	06 10	♀⊥♂	
	07 27	☽⚹♃	G
	08 56	☽⋕☉	G
	14 12	☽∥♇	D
	14 33	☽∠♆	b
	16 15	☽⚼☉	b
18	01 37	☽□♅	B
Sa	02 35	☽⚹♂	G
	08 13	☽∠♃	b
	14 09	☽□♀	B
	14 47	☽☌♄	B
	15 18	☽⚺♆	g
	15 42	☽⋕☿	G
	18 16	☽⋕♀	G
	18 50	☽△☉	G
	19 45	☽⚺♇	g
	21 25	☽⋕♅	B
	21 32	♀□♄	
	23 01	☽♓	
19	04 06	♀⚹♆	
Su	05 05	☽∠♂	b
	08 00	☽□☿	B
	08 03	☽∥♄	B

Date	Time	Aspect	
	08 10	☉⚻♇	
	09 45	☽⚺♃	g
	21 25	☽∠♇	b
20	04 50	☽✶♅	G
Mo	07 44	☿✶♃	
	08 35	☽⚺♂	g
	18 26	☽#♂	B
	18 41	☽⚺♄	g
	19 21	☽☌♆	D
	23 11	☽✶♀	G
21	00 01	☽✶♇	G
Tu	03 11	☽□☉	B
	03 37	☽♈	
	04 29	☿Q♆	
	07 06	☽∥♆	D
	07 51	☽∠♅	b
	08 23	♀△♇	
	09 14	☉♋	
	12 58	☽#♃	G
	15 37	☽☌♃	G
	18 34	☽✶☿	G
	22 02	☽∠♄	b
22	00 54	☽∥♃	G
We	05 35	☽∠♀	b
	06 48	☽#♆	D
	11 50	☽⚺♅	g
	18 58	☽☌♂	B
	22 31	☽∥♂	B
23	00 34	♀♊	
Th	02 01	☽∠☿	b
	02 19	☽✶♄	G
	03 10	☽⚺♆	g
	08 02	☽□♇	B
	11 58	☽♉	
	13 10	☽⚺♀	g
	16 12	☽✶☉	G
	22 40	☉∠♅	
24	01 13	☽⚺♃	g
Fr	08 19	☽∠♆	b
	10 06	☽#♄	B
	10 48	☽⚺☿	g
	22 15	☽☌♅	B
	22 29	☽∥♅	B
25	00 10	☽∠☉	b
Sa	07 06	☽∠♃	b
	07 25	☿⚼♇	
	09 14	☽⚺♂	g
	12 54	☽∥♀	G
	13 02	☽□♄	B
	14 05	☽✶♆	G
	19 02	☽△♇	G
	20 10	☽∥☿	G
	23 13	☽♊	
26	07 03	☽☌♀	G
Su	08 47	☽⚺☉	g
	11 58	☽#♇	D
	13 27	☽✶♃	G
	17 16	☽∠♂	b
	17 42	☽∥☉	G
27	01 12	☽⚼♇	b
Mo	07 22	☽☌☿	G
	10 44	☽⚺♅	g
	22 29	♂✶♄	
28	01 23	☽△♄	G
Tu	01 35	☽✶♂	G
	02 38	☽□♆	B
	07 57	♆Stat	
	09 02	☿⚺♅	
	11 53	☽♋	

Date	Time	Aspect	
	17 16	☽∠♅	b
	19 08	♂⚺♆	
29	00 59	☉□♃	
We	02 37	☽⚺♀	g
	02 44	☽□♃	B
	02 52	☽☌☉	D
	03 52	♀✶♃	
	06 24	♀Q♆	
	07 44	☽⚼♄	b
	09 52	☿Q♃	
	14 09	☉⚺♀	
	23 48	☽✶♅	G
30	06 00	☽⚺☿	g
Th	07 31	☉Q♂	
	12 25	☽∠♀	b
	15 28	☽△♆	G
	18 17	☽□♂	B
	20 14	☽☍♇	B
	20 26	☿±♇	

JULY

Date	Time	Aspect	
1	00 40	☽♌	
Fr	13 01	☉⚼♄	
	15 49	☽△♃	G
	16 42	☽∥☉	G
	17 28	☽∠☿	b
	19 58	☽#♇	D
	20 46	☽⚺☉	g
	21 39	☽⚼♆	b
	21 48	☽∥☿	G
	21 59	☽✶♀	G
	23 09	☿⊥♅	
2	02 14	♂□♇	
Sa	09 18	☽∥♀	G
	10 39	☿△♄	
	12 22	☽□♅	B
	18 43	☿#♇	
	20 53	☿□♆	
	21 58	☽⚼♃	b
3	01 55	☽☍♄	B
Su	04 43	☽✶☿	G
	05 12	☽∠☉	b
	09 14	☽∥♅	B
	09 59	☽△♂	G
	12 31	☽♍	
	16 45	♀⚼♇	
	17 45	☉∥☿	
	21 27	☽#♄	B
4	02 13	☿⚻♇	
Mo	13 03	☽✶☉	G
	13 23	☽⚼♇	b
	15 37	☽□♀	B
	17 03	☽⚼♂	b
	20 15	☽∥♂	B
	23 23	☽△♅	G
5	06 04	♂♉	
Tu	06 25	☿♋	
	06 37	☿✶♂	
	13 46	☽☍♆	B
	18 03	☽△♇	G
	22 25	☽♎	
6	01 13	♀∠♂	
We	01 20	☽□☿	B
	01 31	☽#♆	D
	03 55	☉#♇	
	03 57	☽⚼♅	b
	05 37	☽∥♃	G
	13 13	☽☍♃	B
	16 05	☽⚼♄	b

Date	Time	Aspect	
	18 19	☿∠♅	
	21 24	☽#♃	G
7	01 22	☽∥♆	D
Th	02 14	☽□☉	B
	05 54	☽△♀	G
	06 50	♂⊥♆	
	19 18	☽△♄	G
8	01 04	☽□♇	B
Fr	02 27	♀⚺♅	
	05 15	☽♏	
	08 28	☽#♂	B
	09 06	☽☍♂	B
	11 21	☽⚼♀	b
	17 31	☽△☿	G
	23 27	☽⚼♆	b
9	01 42	☽∥♄	B
Sa	06 14	☿□♃	
	11 10	☽△☉	G
	12 06	☽#♅	B
	12 34	☽☍♅	B
	20 04	☿⚼♄	
	20 45	♀Q♃	
	21 07	☽⚼♃	b
	23 04	☽□♄	B
	23 36	☽⚼☿	b
10	00 56	☽△♆	G
Su	04 34	☽✶♇	G
	08 34	☽♐	
	08 39	☉✶♅	
	12 54	☉±♄	
	14 02	☽⚼☉	b
	15 35	☽#♀	G
	15 45	☽#☉	G
	18 20	☉∥♀	
	19 08	☽∥♇	D
	22 02	☽△♃	G
11	01 28	♀±♇	
Mo	01 58	☽#☿	G
	05 08	☽∠♇	b
	16 15	☽⚼♂	b
	21 12	☽☍♀	B
	23 48	☽✶♄	G
12	01 42	☽□♆	B
Tu	05 07	☽⚺♇	g
	09 01	☽♑	
	14 02	☽⚼♅	b
	17 12	☽△♂	G
	22 07	☽□♃	B
	23 26	☽∠♄	b
13	04 28	♀△♄	
We	05 55	♀⊥♅	
	11 59	☽☍☿	B
	13 41	☽△♅	G
	18 38	☽☍☉	B
	21 50	☿Q♂	
	22 43	☿±♄	
	22 55	☽⚺♄	g
14	00 17	☿✶♅	
Th	00 27	♂Q♄	
	00 57	☽✶♆	G
	04 17	☽☌♇	D
	05 24	♀□♆	
	08 13	☽♒	
	18 39	☽□♂	B
	19 21	☽#☿	G
	21 30	☽✶♃	G
	22 42	☽∥♇	D
	23 44	☽#♀	G
15	00 38	☽∠♆	b

Date	Time	Aspect	
Fr	02 18	☽⚼♀	b
	05 58	☽#☉	G
	13 16	☽□♅	B
	21 36	☽∠♃	b
	22 27	☽☌♄	B
	22 51	♀⚻♇	
16	00 43	☽⚺♆	g
Sa	04 07	☽⚺♇	g
	04 36	☽△♀	G
	04 47	☽#♅	B
	08 18	☽♓	
	11 34	☉⚻♄	
	14 28	☽∥♄	B
	15 55	☿⚻♄	
	19 38	☉☌☿	
	19 43	☿#♇	
	21 37	☽✶♂	G
	22 21	☽⚺♃	g
	23 28	☿∥♀	
	23 40	☽#♂	B
	23 56	☽⚼☉	b
17	00 21	☽⚼☿	b
Su	04 58	☽∠♇	b
	07 52	☿△♆	
	13 58	♂⚺♃	
	15 01	☽✶♅	G
	22 55	☉△♆	
18	00 27	☽∠♂	b
Mo	00 31	☽⚺♄	g
	01 32	♀♋	
	01 38	♀#♇	
	03 07	☽☌♆	D
	03 26	☽△☉	G
	06 39	☽△☿	G
	06 43	☽✶♇	G
	07 01	☿☍♇	
	11 17	☽♈	
	12 14	☽□♀	B
	13 44	☽∥♆	D
	17 00	☽#♃	G
	17 16	☽∠♅	b
19	02 35	☽☌♃	G
Tu	02 58	☽∠♄	b
	04 27	☽⚺♂	g
	09 54	☽∥♃	G
	12 35	☿♌	
	13 15	☽#♆	D
	17 07	☿Q♅	
	20 35	☽⚺♅	g
20	01 39	☉☍♇	
We	06 03	♂∠♆	
	06 28	☽✶♄	G
	09 30	☽⚺♆	g
	13 20	☽□♇	B
	14 19	☽□☉	B
	18 23	☽♉	
	21 44	♀∠♅	
21	00 19	☽□☿	B
Th	01 17	☽✶♀	G
	10 58	☽⚺♃	g
	11 17	♃∠♄	
	11 21	☽∥♂	B
	13 02	☿⚺♀	
	14 13	☽∠♆	b
	16 06	☽☌♂	B
	17 56	☽#♄	B
22	05 04	☽∥♅	B
Fr	06 14	☽☌♅	B
	09 44	☽∠♀	b

Date	Time	Aspect	
	16 18	☽□♄	B
	16 31	☽∠♃	b
	19 45	☽✶♆	G
	20 07	☉♌	
	23 24	☽∥☉	G
	23 45	☽△♇	G
23	00 00	☽∥☿	G
Sa	05 11	☽♊	
	05 58	☽✶☉	G
	07 35	☉∥☿	
	08 34	☉Q♅	
	17 52	☿△♃	
	18 11	☽#♇	D
	18 30	☽∥♀	G
	19 06	☽⚺♀	g
	22 38	☽✶♃	G
	23 36	☽✶☿	G
24	05 52	☽⚼♇	b
Su	07 26	☽⚺♂	g
	12 58	☿⚼♆	
	14 53	☽∠☉	b
	18 36	☽⚺♅	g
25	00 16	♀⚼♄	
Mo	02 13	♀#♇	
	04 27	☽△♄	G
	06 13	♀□♃	
	08 14	☽□♆	B
	12 08	☽∠☿	b
	15 42	☽∠♂	b
	17 54	☽♋	
26	00 02	☽⚺☉	g
Tu	01 08	☽∠♅	b
	10 45	☽⚼♄	b
	11 35	☽□♃	B
	14 54	☽☌♀	G
	19 13	☿□♂	
	20 25	♂⊥♃	
	23 57	☽✶♂	G
27	00 33	☽⚺☿	g
We	07 36	☽✶♅	G
	20 58	☽△♆	G
28	00 54	☽☍♇	B
Th	06 36	☽♌	
	13 34	☿∥♅	
	17 55	☽☌☉	D
	20 37	♃Stat	
	21 16	☿□♅	
	21 59	♂#♄	
	23 59	☽#♇	D
29	00 03	☽△♃	G
Fr	01 50	☽∥♀	G
	03 00	☽⚼♆	b
	04 34	☿±♆	
	10 04	☽⚺♀	g
	14 41	☿⊥♀	
	15 38	☽□♂	B
	19 48	☽□♅	B
	23 49	☽☌☿	G
30	04 29	☽☍♄	B
Sa	04 41	☽∥☉	G
	05 49	☽⚼♃	b
	13 02	☽∥♅	B
	18 11	☽♍	
	18 58	☽∠♀	b
	20 57	☽∥☿	G
	21 41	☽∥♂	B
	23 22	☽#♄	B
31	01 08	☿∥♂	
Su	06 05	☿☍♄	

Day	Time	Aspect	
	10 12	☽⚺☉	g
	13 30	☿#♄	
	15 59	☿⚼♃	
	17 43	☽⚼♇	b
	22 36	☉△♃	
AUGUST			
1 Mo	00 41	♀±♄	
	03 19	☽✱♀	G
	05 35	☽△♂	G
	06 30	☽△♅	G
	11 23	☿▽♆	
	17 32	☽∠☉	b
	18 50	☽☍♆	B
	20 03	☽⚺☿	g
	22 29	☽△♇	G
	23 53	♂☌♅	
2 Tu	04 05	☽♎	
	05 49	☽#♆	D
	09 44	☽∥♃	G
	10 16	☉⚼♆	
	11 08	☽⚼♅	b
	11 43	☽⚼♂	b
	12 25	♀✱♅	
	13 24	☿▽♇	
	18 47	☽⚼♄	b
	20 27	☽☍♃	B
3 We	00 12	☽✱☉	G
	02 00	♀✱♂	
	03 08	☽#♃	G
	04 48	☽∠☿	b
	07 02	☽∥♆	D
	17 54	☽□♀	B
	22 28	☽△♄	G
4 Th	06 20	☽□♇	B
	06 58	☿♍	
	11 47	☽♏	
	12 29	☽✱☿	G
	21 03	☽#☿	G
	21 52	☉∥♅	
5 Fr	05 52	☽⚼♆	b
	10 39	☽∥♄	B
	11 07	☽□☉	B
	16 23	♀▽♄	
	16 24	☽#♂	B
	18 14	☽#☉	G
	19 21	☽#♅	B
	20 35	☿±♃	
	21 13	☽☍♅	B
6 Sa	01 38	☿±♇	
	01 38	☽☍♂	B
	03 46	☽□♄	B
	04 56	☽△♀	G
	05 37	☽⚼♃	b
	08 08	☽△♆	G
	11 24	☽✱♇	G
	14 14	☉∥♂	
	16 39	☽♐	
	18 52	☽#♀	G
7 Su	00 18	☽□☿	B
	03 21	☽∥♇	D
	07 12	☽△♃	G
	08 59	☽⚼♀	b
	12 50	☽∠♇	b
	16 43	♀△♆	
	18 21	☽△☉	G
	19 57	♂□♄	
8 Mo	06 11	☽✱♄	G
	10 30	☽□♆	B

Day	Time	Aspect	
	13 36	☽⚺♇	g
	18 39	☽♑	
	20 44	☽⚼☉	b
9 Tu	00 51	☽⚼♅	b
	05 18	♀☍♇	
	06 29	☽∠♄	b
	07 51	☽△☿	G
	08 10	☽⚼♂	b
	08 24	☽□♃	B
	10 25	♂∥♅	
	13 06	☿▽♃	
	13 26	♂∠♃	
10 We	00 58	☽△♅	G
	06 23	☽⚺♄	g
	09 12	☽△♂	G
	10 35	☽⚼☿	b
	10 45	☽✱♆	G
	13 45	☽☌♇	D
	16 39	☽☍♀	B
	18 45	☽♒	
	23 06	☉#♄	
11 Th	08 08	☽✱♃	G
	08 12	☽∥♇	D
	10 35	☽∠♆	b
	12 53	☉□♅	
	15 19	☉±♆	
	17 58	☿⚼♇	
	18 30	♀☊	
	21 42	☽#♀	G
	21 44	♂✱♆	
12 Fr	00 47	☽□♅	B
	01 36	☽☍☉	B
	05 58	☽☌♄	B
	08 02	☽∠♃	b
	10 33	☽⚺♆	g
	11 07	☽□♂	B
	11 23	♀Q♅	
	12 01	☽#♂	B
	13 35	☽⚺♇	g
	14 11	☽#♅	B
	18 44	☽♓	
	21 32	☽∥♄	B
13 Sa	00 20	☽#☉	G
	08 19	☽⚺♃	g
	14 02	☽∠♇	b
	19 02	☽☍☿	B
	23 53	☽⚼♀	b
14 Su	01 49	☽✱♅	G
	06 58	☽⚺♄	g
	11 58	☽☌♆	D
	12 55	☽#☿	G
	14 53	☽✱♂	G
	15 10	☽✱♇	G
	17 11	☉☍♄	
	20 43	☽♈	
	21 28	♂△♇	
	21 38	☽∥♆	D
15 Mo	02 29	☽#♃	G
	03 26	☽∠♅	b
	03 53	☽△♀	G
	08 36	☽∠♄	b
	09 51	☽⚼☉	b
	10 59	☽☌♃	G
	16 52	☽∥♃	G
	18 11	☽∠♂	b
	21 57	☽#♆	D
16 Tu	01 06	☉⚼♃	
	02 45	☽∥☿	G
	06 01	☽⚺♅	g

Day	Time	Aspect	
	11 14	☽✱♄	G
	14 48	☽△☉	G
	16 50	☽⚺♆	g
	17 46	☿△♅	
	20 18	☽□♇	B
	22 39	☽⚺♂	g
17 We	02 22	☽♉	
	11 30	☽⚼☿	b
	15 54	☽□♀	B
	16 43	☽∥☉	G
	17 32	☽⚺♃	g
	17 57	☉▽♆	
	20 50	☽∠♆	b
	21 53	☿#♆	
18 Th	03 37	☽#♄	B
	08 03	♀△♃	
	11 39	☽∥♅	B
	14 20	☽☌♅	B
	19 06	☿▽♄	
	19 18	☽∥♂	B
	19 34	☽□♄	B
	19 37	☽△☿	G
	20 47	☽∥♀	G
	22 18	☽∠♃	b
19 Fr	01 49	☽✱♆	G
	04 36	☽□☉	B
	05 32	☽△♇	G
	10 57	♀∥♂	
	11 06	☽☌♂	B
	12 06	☽♊	
	16 10	☉▽♇	
	17 55	♀⚼♆	
20 Sa	00 20	☽#♇	D
	03 30	☿∥♃	
	03 52	☽✱♃	G
	07 56	♂♊	
	09 09	☽✱♀	G
	11 22	☽⚼♇	b
21 Su	02 01	☽⚺♅	g
	07 04	☽△♄	G
	07 40	☿☍♆	
	13 47	☽□♆	B
	14 29	☽□☿	B
	18 57	☽∠♀	b
	22 06	☽✱☉	G
22 Mo	00 29	☽♋	
	02 35	☽⚺♂	g
	08 26	☽∠♅	b
	13 18	☽⚼♄	b
	16 10	☽□♃	B
	16 12	♀Q♂	
	21 58	☿△♇	
23 Tu	03 16	☉♍	
	04 55	☽⚺♀	g
	07 14	☽∠☉	b
	10 34	☽∠♂	b
	11 37	☿±♄	
	14 51	☽✱♅	G
24 We	02 26	☽△♆	G
	05 17	♀∥♅	
	06 17	☽☍♇	B
	09 40	☽✱☿	G
	13 09	☽☊	
	13 52	♅Stat	
	16 07	☽⚺☉	g
	17 57	☉±♃	
	18 16	☽✱♂	G
25 Th	04 10	☽△♃	G
	05 43	☽#♇	D

Day	Time	Aspect	
	08 23	☽⚼♆	b
	13 46	☿#♃	
	18 27	☽∠☿	b
	18 41	☉±♇	
	23 50	☽☌♀	G
26 Fr	01 03	☿♎	
	02 45	☽□♅	B
	05 27	☽∥♂	B
	06 55	☽☍♄	B
	09 36	☽⚼♃	b
	18 48	☽∥♅	B
	22 12	♀±♆	
	23 49	☽∥♀	G
27 Sa	00 25	☽♍	
	01 51	☽#♄	B
	02 28	☽⚺☿	g
	04 34	♀□♅	
	05 27	☉□♂	
	08 11	☽□♂	B
	08 17	☽☌☉	D
	22 38	☽⚼♇	b
28 Su	00 44	♀#♄	
	06 30	☽∥☉	G
	12 47	☽△♅	G
	16 17	☽⚺♀	g
	18 27	♀☍♄	
	19 56	☿∥♆	
	23 27	☽☍♆	B
29 Mo	03 08	☽△♇	G
	08 46	☽#☿	G
	09 45	☽♎	
	09 50	☽#♆	D
	16 10	☽☌☿	G
	17 05	☽⚼♅	b
	17 43	☽∥♃	G
	18 29	♀⚼♃	
	19 50	☽△♂	G
	20 35	☽⚼♄	b
	22 00	☽⚺☉	g
	23 00	☽☍♃	B
	23 31	☽∠♀	b
30 Tu	04 53	☽#♃	G
	05 52	☿⚼♅	
	10 09	☉▽♃	
	12 48	☽∥♆	D
	16 22	☽∥☿	G
31 We	00 13	☽△♄	G
	00 50	☽⚼♂	b
	03 58	☽∠☉	b
	06 07	☽✱♀	G
	10 22	☽#☉	G
	10 43	☽□♇	B
	16 36	♀▽♆	
	17 11	☽♏	
	19 46	♂Q♆	
SEPTEMBER			
1 Th	02 54	☽⚺☿	g
	09 20	☽✱☉	G
	10 11	☽#♀	G
	10 15	☽⚼♆	b
	11 01	☿⚼♄	
	11 52	♂✱♃	
	18 16	☽∥♄	B
	23 59	☽#♅	B
2 Fr	03 06	☽☍♅	B
	06 02	☽□♄	B
	06 33	♀▽♇	
	07 08	☽∠☿	b

Day	Time	Aspect	
	08 08	☽⚼♃	b
	12 52	☽△♆	G
	16 23	☽✱♇	G
	16 26	☽#♂	B
	17 22	☽□♀	B
	22 39	☽♐	
3 Sa	01 49	☿☍♃	
	08 49	☽∥♇	D
	10 10	☽△♃	G
	10 37	☽✱☿	G
	12 23	☽☍♂	B
	18 08	☽□☉	B
	18 25	☽∠♇	b
	22 17	☉⚼♇	
4 Su	09 50	☽✱♄	G
	16 32	☽□♆	B
	19 57	☽⚺♇	g
5 Mo	01 51	☽△♀	G
	02 03	☽♑	
	04 05	♀♍	
	08 31	☽⚼♅	b
	10 59	☽∠♄	b
	11 43	♀±♃	
	12 44	☽□♃	B
	15 21	☽□☿	B
6 Tu	00 01	☉#☿	
	00 25	☽△☉	G
	05 10	☽⚼♀	b
	09 23	☽△♅	G
	11 43	☽⚺♄	g
	18 21	☽✱♆	G
	18 49	☽⚼♂	b
	21 43	☽☌♇	D
7 We	01 40	♀±♇	
	02 51	☽⚼☉	b
	03 41	☽♒	
	04 32	☿⊥♀	
	13 45	☽✱♃	G
	17 19	☽∥♇	D
	17 48	☽△☿	G
	18 51	☽∠♆	b
	20 13	☽△♂	G
8 Th	06 02	☽#♂	B
	10 26	☽□♅	B
	12 34	☽☌♄	B
	14 02	☽∠♃	b
	18 36	☽⚼☿	b
	19 17	☽⚺♆	g
	22 41	☽⚺♇	g
9 Fr	00 15	☽#♅	B
	04 42	☽♓	
	04 46	☽∥♄	B
	13 39	☽☍♀	B
	14 26	☽⚺♃	g
	22 06	♀▽♃	
	23 08	☽□♂	B
	23 22	☽∠♇	b
10 Sa	03 34	☽#♀	G
	03 37	☿Stat	
	05 41	♂⚼♇	
	09 59	☽☍☉	B
	11 51	☽✱♅	G
	13 52	☽⚺♄	g
	15 53	☽∥☿	G
	20 55	☽☌♆	D
11 Su	00 29	☽✱♇	G
	01 49	☽#☉	G
	06 15	☽∥♆	D
	06 47	☽♈	

Date	Time	Aspect	
	13 09	☉△♅	
	13 16	☽∠♅	b
	15 16	☽∠♄	b
	16 13	☽#♃	G
	16 30	☽☌♃	G
	21 52	☽☍☿	B
	22 03	☽∥♃	G
12 Mo	03 56	☽✱♂	G
	04 49	☿⚺♀	
	08 17	☽#♆	D
	10 48	☽∥☉	G
	15 27	☽⚺♅	g
	16 09	☉⚻♄	
	17 25	☽✱♄	G
	22 59	☽#☿	G
13 Tu	01 02	☽⚺♆	g
	02 15	☽⚼♀	b
	04 53	☽□♇	B
	06 37	☽∥♀	G
	07 38	☽∠♂	b
	11 39	☽♉	
	21 33	☽⚺♃	g
	22 54	☽⚼☉	b
14 We	02 12	☉#♆	
	04 26	☽∠♆	b
	06 15	♀⚼♇	
	08 41	☽△♀	G
	12 23	☽⚺♂	g
	14 22	☽#♄	B
	18 53	☽∥♅	B
	22 34	☽☌♅	B
15 Th	00 30	☽□♄	B
	01 27	☽∠♃	b
	05 31	☽△☉	G
	05 49	☽⚼☿	b
	08 47	☽✱♆	G
	12 59	☽△♇	G
	20 07	☽∥♂	B
	20 16	☽♊	
16 Fr	06 14	☽✱♃	G
	07 17	☽#♇	D
	09 36	☽△☿	G
	18 21	☽⚼♇	b
	18 49	♀□♂	
	22 21	☉☍♆	
17 Sa	00 52	☽☌♂	B
	01 18	☽□♀	B
	09 13	☽⚺♅	g
	11 04	☽△♄	G
	19 54	☽□♆	B
	21 52	☽□☉	B
18 Su	07 59	☽♋	
	11 53	☉±♄	
	15 24	☽∠♅	b
	17 10	☽⚼♄	b
	17 38	☽□♃	B
	17 56	☽□☿	B
	22 34	☿☍♃	
19 Mo	03 58	☉△♇	
	04 19	☿⚼♄	
	15 41	☽⚺♂	g
	20 53	☽✱♀	G
	21 43	☽✱♅	G
20 Tu	02 03	☿⚼♅	
	04 44	♀△♅	
	08 25	☽△♆	G
	12 58	☽☍♇	B
	15 57	☽✱☉	G
	20 12	♀⚻♄	

Date	Time	Aspect	
	20 38	☽☊	
	23 04	☽∠♂	b
21 We	01 52	☽✱☿	G
	05 32	☽△♃	G
	06 36	☽∠♀	b
	10 17	♂Q♃	
	13 08	♃∠♄	
	13 34	☽#♇	D
	14 26	☽⚼♆	b
	22 09	☽∥♂	B
22 Th	00 33	☽∠☉	b
	01 01	☿∥♆	
	05 17	☽∠☿	b
	06 00	☽✱♂	G
	09 36	☽□♅	B
	10 58	☽⚼♃	b
	11 07	☽☍♄	B
	12 01	☉∥♃	
	15 42	☽⚺♀	g
23 Fr	01 04	☉♎	
	03 14	☽∥♅	B
	06 50	☉☌☿	
	06 55	☽#♄	B
	07 53	☽♍	
	08 13	☽⚺☿	g
	08 28	☽⚺☉	g
	10 58	☉#♃	
	12 04	☿♍	
24 Sa	05 20	☽⚼♇	b
	08 51	♀☍♆	
	17 51	☽□♂	B
	17 55	♀#♆	
	19 17	☽△♅	G
25 Su	05 10	☽☍♆	B
	07 24	☽☌♀	G
	09 35	☽△♇	G
	11 40	♀±♄	
	12 49	☽☌☿	G
	15 28	☽#♆	D
	16 43	☽♎	
	17 19	☉∥☿	
	17 28	☽∥♀	G
	21 55	☽☌☉	D
	23 11	☽⚼♅	b
	23 45	☽☍♃	B
26 Mo	00 27	☽⚼♄	b
	01 13	☽#☉	G
	02 48	☽#☿	G
	05 46	♀△♇	
	05 51	☽∥♃	G
	05 57	☽#♃	G
	08 23	☽∥☿	G
	11 12	☽∥☉	G
	14 14	♂⚺♅	
	14 23	☉⚼♅	
	16 20	☽#♀	G
	17 59	☿☌♀	
	19 33	☉☍♃	
	20 14	☽∥♆	D
27 Tu	02 54	☽△♂	G
	03 44	☽△♄	G
	05 58	☿∥♃	
	06 26	☉⚼♄	
	09 32	☿#♃	
	12 56	☿△♇	
	16 10	☽⚺☿	g
	16 21	☽□♇	B
	19 54	☽⚺♀	g
	23 15	☽♏	

Date	Time	Aspect	
28 We	01 04	☉#♀	
	05 48	♂△♄	
	06 34	☽⚼♂	b
	08 31	☽⚺☉	g
	14 43	☽⚼♆	b
	17 35	☽∠☿	b
	19 58	♃∠♅	
29 Th	01 14	☽∠♀	b
	01 27	☽∥♄	B
	04 13	☽#♅	B
	04 50	☿±♄	
	07 44	☽⚼♃	b
	07 49	☽☍♅	B
	07 49	♀♎	
	08 57	☽□♄	B
	11 41	☿∥♀	
	13 01	☽∠☉	b
	17 03	☽△♆	G
	18 58	☽✱☿	G
	21 20	☽✱♇	G
30 Fr	04 03	☽♐	
	06 04	☽✱♀	G
	08 59	☽#♂	B
	09 38	☽△♃	G
	13 23	☽∥♇	D
	17 05	☽✱☉	G
	23 19	☽∠♇	b

OCTOBER

Date	Time	Aspect	
1 Sa	03 29	♂±♇	
	09 58	♀#♃	
	12 48	☽✱♄	G
	15 03	☽☍♂	B
	18 12	♀☍♃	
	20 45	☽□♆	B
	21 46	☽□☿	B
2 Su	00 00	♀⚼♅	
	01 02	☽⚺♇	g
	07 38	☽♑	
	09 07	☿ Stat	
	11 09	☉∥♆	
	11 41	♀⚼♄	
	12 37	☽□♃	B
	13 16	☽⚼♅	b
	14 03	♀∥♃	
	14 20	☽∠♄	b
	14 35	☽□♀	B
3 Mo	00 14	☽□☉	B
	14 37	☽△♅	G
	15 39	☽⚺♄	g
	23 31	☽✱♆	G
4 Tu	00 59	☽△☿	G
	03 49	☽☌♇	D
	10 20	☽♒	
	14 48	☽✱♃	G
	21 00	☽⚼♂	b
	22 04	☽△♀	G
5 We	00 41	☽∠♆	b
	00 55	☽∥♇	D
	02 53	☽⚼☿	b
	03 40	☿±♄	
	03 43	☽#♂	B
	06 31	☽△☉	G
	11 57	☉±♅	
	15 47	☽∠♃	b
	16 58	☽□♅	B
	18 00	☽☌♄	B
	22 46	☽△♂	G
6	01 41	☽⚼♀	b

Date	Time	Aspect	
Th	01 51	☽⚺♆	g
	06 14	☽⚺♇	g
	09 25	☽#♅	B
	09 37	☽⚼☉	b
	11 30	☽∥♄	B
	12 47	☽♓	
	16 49	☽⚺♃	g
7 Fr	03 56	☿△♇	
	05 06	☿#♀	
	07 36	☽∠♇	b
	19 35	☽✱♅	G
	20 39	☽⚺♄	g
8 Sa	02 40	☽□♂	B
	04 40	☽☌♆	D
	06 07	☽∥☉	G
	09 14	☽✱♇	G
	11 10	☽☍☿	B
	14 20	☽∥♆	D
	15 41	☽∥♀	G
	15 57	☽♈	
	19 37	☽☌♃	G
	19 38	☽#☿	G
	21 21	☽∠♅	b
	21 57	♇ Stat	
	22 28	☽∠♄	b
9 Su	00 48	♀±♅	
	01 57	☽∥♃	G
	06 56	☽#♃	G
	09 18	♀∥♆	
	12 29	☽∥☿	G
	14 20	☽☍♀	B
	18 41	☽#♆	D
	19 29	☽#♀	G
	20 55	☽☍☉	B
	23 39	☽⚺♅	g
10 Mo	00 48	☽✱♄	G
	06 04	☽#☉	G
	08 14	☽✱♂	G
	09 09	☽⚺♆	g
	14 02	☽□♇	B
	21 04	☽♉	
	23 51	☿♎	
11 Tu	00 25	☽⚺♃	g
	09 13	☉⚻♅	
	12 02	☽∠♂	b
	12 23	☽∠♆	b
12 We	00 40	☽#♄	B
	01 06	☉△♄	
	02 30	☽∥♅	B
	03 26	☽⚼☿	b
	03 53	☽∠♃	b
	05 46	♂□♆	
	06 20	☽☌♅	B
	07 24	☿☍♃	
	07 37	☽□♄	B
	16 25	☽✱♆	G
	16 38	☽⚺♂	g
	17 59	☿#♃	
	21 42	☽△♇	G
13 Th	05 08	☽♊	
	06 01	☿⚼♅	
	08 08	☽✱♃	G
	10 09	☽⚼♀	b
	11 29	☽△☿	G
	14 55	☽∥♂	B
	15 14	☽#♇	D
	15 18	☽⚼☉	b
	16 57	♀⚻♅	
	17 41	☿⚼♄	

Date	Time	Aspect	
14 Fr	02 43	☽⚼♇	b
	06 21	♀△♄	
	13 31	♂#♇	
	16 07	☽⚺♅	g
	17 33	☽△♄	G
	18 46	♂⊥♅	
	18 51	☽△♀	G
	23 23	☽△☉	G
15 Sa	02 46	☽□♆	B
	04 11	☽☌♂	B
	16 11	☽♋	
	18 44	☽□♃	B
	21 58	☽∠♅	b
	23 29	☽⚼♄	b
16 Su	00 36	☿∥♃	
	07 19	☽□☿	B
	15 39	☉⚻♆	
17 Mo	04 09	☽✱♅	G
	14 14	☽□♀	B
	15 04	☽△♆	G
	17 15	☽□☉	B
	17 35	☽⚺♂	g
	20 56	☽☍♇	B
	22 00	♀⚻♆	
	22 05	☉△♂	
18 Tu	04 45	☽☊	
	06 44	☽△♃	G
	21 06	☽∥♂	B
	21 15	☽⚼♆	b
	22 36	☽#♇	D
	22 52	☿±♅	
19 We	00 14	☽∠♂	b
	02 20	♀△♂	
	05 16	☽✱☿	G
	12 32	☽⚼♃	b
	13 33	☉□♇	
	16 17	☽□♅	B
	17 59	☽☍♄	B
20 Th	06 03	♀□♇	
	06 23	☽✱♂	G
	09 13	☽✱♀	G
	09 54	☿∥♆	
	10 35	☽✱☉	G
	13 30	☽∥♅	B
	14 51	☽#♄	B
	15 35	☽∠☿	b
	16 25	☽♍	
21 Fr	13 59	☽⚼♇	b
	17 30	☽∠♀	b
	17 39	☽#☉	G
	18 07	☽∠☉	b
	22 11	☽#♀	G
22 Sa	00 54	☽⚺☿	g
	02 19	☽△♅	G
	11 24	☿⚻♅	
	12 37	☽☍♆	B
	13 28	☉±♆	
	15 02	♀±♆	
	16 27	☽□♂	B
	16 52	☽#☿	G
	18 17	☽△♇	G
	21 17	☉☌♀	
	23 15	☽#♆	D
23 Su	00 38	☽⚺☉	g
	00 43	☽⚺♀	g
	01 00	☿△♄	
	01 24	☽♎	
	02 17	☽☍♃	B
	04 07	♄ Stat	

Day	Time	Aspect	
	06 12	☽⚼♅	b
	07 52	♀♏	
	08 00	☽⚼♄	b
	09 35	☽#♃	G
	10 36	☉♏	
	15 58	♀⚻♃	
	19 41	☽∥♃	G
	20 21	☉⚻♃	
24 Mo	05 46	☽∥♆	D
	11 08	☽△♄	G
	16 01	☽☌☿	G
	17 27	☽∥☿	G
	23 12	☽△♂	G
25 Tu	00 36	☽□♇	B
	07 19	☽♏	
	10 49	☽☌☉	D
	12 04	☽∥♀	G
	12 05	☽☌♀	G
	15 04	☽∥☉	G
	16 30	☿⚻♆	
	21 21	☽⚼♆	b
26 We	01 31	☽⚼♂	b
	09 21	☽∥♄	B
	09 36	☽⚼♃	b
	10 16	☽#♅	B
	13 34	☽☍♅	B
	15 30	☽□♄	B
	23 04	☽△♆	G
27 Th	03 17	☽⊻☿	g
	03 37	☿△♂	
	04 27	☽⚹♇	G
	10 55	☽♐	
	11 01	☽△♃	G
	13 09	☿□♇	
	18 11	☽⊻☉	g
	19 33	☽∥♇	D
	20 30	☽⊻♀	g
	23 34	☽#♂	B
28 Fr	02 57	♀±♃	
	05 10	♃♓	
	05 50	☽∠♇	b
	08 03	☽∠☿	b
	18 16	☽⚹♄	G
	21 19	☽∠☉	b
29 Sa	00 09	☽∠♀	b
	01 37	☽□♆	B
	04 57	☿±♆	
	05 59	☽☍♂	B
	07 01	☽⊻♇	g
	08 37	☉±♃	
	12 34	☽⚹☿	G
	13 10	☽□♃	B
	13 21	☽♑	
	16 46	♀⚼♆	
	17 17	☽⚼♅	b
	17 32	☿⚻♃	
	19 22	☿♏	
	19 26	☽∠♄	b
30 Su	00 20	☽⚹☉	G
	03 41	☽⚹♀	G
	13 26	♂Stat	
	18 21	☽△♅	G
	20 36	☽⊻♄	g
31 Mo	03 51	☽⚹♆	G
	09 23	☽☌♇	D
	09 51	☉⚼♆	
	15 14	☽⚹♃	G
	15 43	☽♒	
	18 55	♀⚼♂	
	21 37	☽□☿	B

NOVEMBER

Day	Time	Aspect	
1 Tu	00 39	☉∥♀	
	01 36	☽#♂	B
	05 08	☽∠♆	b
	06 37	☽□☉	B
	06 59	☽∥♇	D
	09 37	☽⚼♂	b
	11 05	☽□♀	B
	16 30	☽∠♃	b
	20 53	☽□♅	B
	23 22	☽☌♄	B
2 We	04 09	☿±♃	
	06 38	☽⊻♆	g
	11 08	☽△♂	G
	12 21	☽⊻♇	g
	16 57	☽#♅	B
	17 40	☽∥♄	B
	18 01	☽⊻♃	g
	18 46	☽♓	
	23 24	☽∥♀	G
	23 40	☉⚼♂	
3 Th	00 11	☽∥☉	G
	07 13	☽∥☿	G
	07 43	☽△☿	G
	13 32	☿⚼♆	
	14 01	☽△☉	G
	14 16	☽∠♇	b
	17 18	♀Q♇	
	19 43	☽△♀	G
	21 15	♀⚼♃	
4 Fr	00 28	☽⚹♅	G
	03 14	☽⊻♄	g
	10 34	☽☌♆	D
	13 28	☽⚼☿	b
	15 02	☽□♂	B
	16 34	☽⚹♇	G
	18 21	☽⚼☉	b
	20 46	☽∥♆	D
	22 05	☽☌♃	G
	23 07	☽♈	
5 Sa	00 45	☽⚼♀	b
	02 02	☿⚼♂	
	02 49	☽∠♅	b
	05 37	☽∥♃	G
	05 45	☽∠♄	b
	18 25	☽#♃	G
	22 22	♀☍♅	
6 Su	03 16	♀∥♄	
	03 22	☽#♆	D
	05 36	☽⊻♅	g
	08 44	☽⚹♄	G
	11 52	♀#♅	
	16 09	☽⊻♆	g
	18 09	☉⚼♃	
	18 28	☉Q♇	
	20 30	☽⚹♂	G
	22 30	☽□♇	B
7 Mo	03 56	☽⊻♃	g
	05 15	☽♉	
	07 34	♀□♄	
	11 11	☿⚼♃	
	12 08	☿Q♇	
	14 26	♀±♂	
	16 55	☉∥♄	
	19 44	☽∠♆	b
	23 57	☽∠♂	b
8 Tu	03 50	☉#♅	
	07 40	☽∠♃	b
	08 00	☿∥♄	
	08 46	☽#♄	B
	08 53	☽#☿	G
	09 27	☽∥♅	B
	09 49	☽#☉	G
	10 44	☽☍☿	B
	11 02	☽☍☉	B
	12 47	☽☌♅	B
	13 27	☽#♀	G
	13 36	☿#♅	
	16 20	☽□♄	B
	16 43	☉☌☿	
	19 51	☽☍♀	B
	23 54	☽⚹♆	G
9 We	00 04	☉∥☿	
	02 40	☿☍♅	
	03 57	☽⊻♂	g
	06 38	☽△♇	G
	08 26	☉☍♅	
	12 00	☽⚹♃	G
	13 37	☽♊	
	23 17	☽#♇	D
10 Th	06 30	☿±♂	
	07 52	☿□♄	
	09 00	☽∥♂	B
	11 37	☽⚼♇	b
	12 22	♀△♆	
	22 20	☽⊻♅	g
11 Fr	01 59	☉±♂	
	02 22	☽△♄	G
	08 04	☉□♄	
	10 03	☽□♆	B
	13 34	☽☌♂	B
	21 07	♀⚻♂	
	22 28	☽□♃	B
12 Sa	00 22	☽♋	
	03 57	☽∠♅	b
	08 14	☽⚼♄	b
	10 22	☽⚼☉	b
	15 30	☽⚼☿	b
	18 36	☿△♆	
	19 57	☿∥♀	
	22 02	☽⚼♀	b
13 Su	09 41	♀⚹♇	
	09 59	☽⚹♅	G
	15 47	☿⚻♂	
	19 22	☽△☉	G
	22 08	☽△♆	G
14 Mo	00 50	☽⊻♂	g
	02 25	☽△☿	G
	05 35	☽☍♇	B
	07 54	☽△♀	G
	10 41	☽△♃	G
	12 48	☽♌	
	19 17	☽∥♂	B
15 Tu	02 27	☿⚹♇	
	03 43	☉△♆	
	04 28	☽⚼♆	b
	06 38	☽∠♂	b
	07 16	☽#♇	D
	09 36	♀△♃	
	16 55	☽⚼♃	b
	22 23	☽□♅	B
16 We	01 07	☉⚻♂	
	01 18	☽#☿	G
	03 17	☽☍♄	B
	04 18	☽#♀	G
	06 08	♀♐	
	10 58	☽#☉	G
	12 12	☽⚹♂	G
	13 27	☽□☉	B
	15 43	☿△♃	
	23 47	☽∥♅	B
	23 55	☽□☿	B
17 Th	00 31	☽#♄	B
	01 04	☽♍	
	03 14	☽□♀	B
	08 42	☿♐	
	23 38	☽⚼♇	b
18 Fr	09 23	☽△♅	G
	21 12	☽☍♆	B
	21 35	☽□♂	B
	21 38	☉⚹♇	
19 Sa	04 26	☽△♇	G
	05 00	☽⚹☉	G
	08 10	☽#♆	D
	08 47	☽☍♃	B
	10 58	☽♎	
	13 45	☽⚼♅	b
	15 43	♂□♆	
	17 04	☽#♃	G
	17 54	☽⚹☿	G
	18 51	☽⚼♄	b
	19 15	☽⚹♀	G
20 Su	07 35	☽∥♃	G
	11 08	☽∠☉	b
	12 45	♂⊥♅	
	16 13	☽∥♆	D
	22 18	☽△♄	G
21 Mo	00 52	☽∠☿	b
	01 24	☽∠♀	b
	03 37	☽△♂	G
	04 07	☉△♃	
	11 15	☽□♇	B
	16 04	☽⊻☉	g
	17 16	☽♏	
	22 55	☿☌♀	
22 Tu	01 56	☿Q♄	
	02 41	♀Q♄	
	05 19	☽⚼♂	b
	06 21	☽⊻♀	g
	06 32	☽⊻☿	g
	06 36	☽⚼♆	b
	08 20	☉♐	
	14 18	☿∥♇	
	17 04	☽⚼♃	b
	17 56	☽∥♄	B
	18 40	☽#♅	B
	21 24	☽☍♅	B
23 We	02 33	☽□♄	B
	08 03	☽△♆	G
	13 48	☽∥☉	G
	14 38	☽⚹♇	G
	18 16	☽△♃	G
	20 16	☽♐	
	22 19	☽∥♀	G
	22 57	☽☌☉	D
	23 02	♃Stat	
24 Th	04 21	☽∥♇	D
	07 56	☽∥☿	G
	13 26	☽☌♀	G
	14 49	☽☌☿	G
	15 25	☽∠♇	b
	16 50	☽#♂	B
	20 40	☿∠♇	
25 Fr	04 16	☽⚹♄	G
	06 36	☽☍♂	B
	09 24	☽□♆	B
	13 05	♀∠♇	
	15 53	☽⊻♇	g
	19 22	☽□♃	B
	21 18	☽♑	
	23 18	☽⚼♅	b
26 Sa	01 40	♂±♇	
	03 32	☽⊻☉	g
	04 42	☽∠♄	b
	18 43	☽⊻♀	g
	21 14	☽⊻☿	g
	23 35	☽△♅	G
27 Su	05 09	☽⊻♄	g
	05 41	☽∠☉	b
	10 06	☽⚹♆	G
	16 43	☽☌♇	D
	19 16	☿⚻♅	
	20 11	☽⚹♃	G
	21 28	☽∠♀	b
	22 07	☽♒	
	23 54	☽#♂	B
28 Mo	00 35	☽∠☿	b
	02 27	☽∥☿	G
	06 10	☽⚼♂	b
	08 06	☽⚹☉	G
	10 44	☽∠♆	b
	13 15	☽∥♇	D
	13 41	☽∥♀	G
	17 56	♂△♄	
	21 00	☽∠♃	b
	22 27	☽∥☉	G
	22 56	♀∥♇	
29 Tu	00 40	☽⚹♀	G
	00 48	☽□♅	B
	02 19	♀⚻♅	
	04 26	☽⚹☿	G
	06 31	☽△♂	G
	06 53	☽☌♄	B
	11 47	☽⊻♆	g
	18 44	☽⊻♇	g
	20 07	☿#♂	
	20 30	☿☍♂	
	22 19	☽⊻♃	g
	23 38	☽#♅	B
30 We	00 15	☽♓	
	00 37	☽∥♄	B
	01 09	☉Q♄	
	04 18	☿⚹♄	
	14 37	☽□☉	B
	19 41	☿⊥♇	
	20 32	☽∠♇	b

DECEMBER

Day	Time	Aspect	
1 Th	03 58	☽⚹♅	G
	05 28	♀☍♂	
	08 42	☽□♂	B
	09 08	☽□♀	B
	10 43	☽⊻♄	g
	14 23	☽□☿	B
	15 15	☿±♅	
	15 36	☽☌♆	D
	22 59	☽⚹♇	G
2 Fr	01 08	☿□♆	
	01 50	☽∥♆	D
	02 44	☽☌♃	G
	03 09	♀⚹♄	
	04 41	☽♈	
	06 28	☽∠♅	b
	10 47	☽∥♃	G

Day	Time	Aspect	
	13 35	☽∠♄	b
	20 26	♀⊥♇	
3 Sa	00 10	☽△☉	G
	00 19	☽#♃	G
	09 27	☽#♆	D
	09 36	☽⊻♅	g
	13 11	☽⚹♂	G
	17 06	☽⚹♄	G
	17 47	♀±♅	
	20 57	☽△♀	G
	21 56	☽⊻♆	g
4 Su	00 12	♆Stat	
	01 24	☉∠♇	
	03 53	☽△☿	G
	05 46	☽□♇	B
	06 08	☽⚼☉	b
	07 12	♀□♆	
	09 44	☽⊻♃	g
	11 38	☽♉	
	16 16	☽∠♂	b
	20 11	☿⊻♇	
5 Mo	02 00	☽∠♆	b
	04 04	☽⚼♀	b
	11 54	☽⚼☿	b
	13 20	☽#♄	B
	14 07	☽∠♃	b
	14 44	☽∥♅	B
	17 38	☽☌♅	B
	19 50	☽⊻♂	g
6 Tu	01 54	☽□♄	B
	06 37	☽⚹♆	G
	07 05	☿□♃	
	14 51	☽△♇	G
	19 02	☽⚹♃	G
	20 49	☽♊	
	22 08	☿♑	
7 We	03 22	☽#☉	G
	05 58	☽#♇	D
	11 11	☿⚼♅	
	14 18	☽#♀	G
	17 33	♀⊻♇	
	20 07	☽⚼♇	b
	22 34	☉▽♅	
	22 52	☽∥♂	B
8 Th	03 40	☽⊻♅	g
	04 08	☽☍☉	B
	04 19	☽☌♂	B
	05 42	☉☍♂	
	06 34	☽#☿	G

Day	Time	Aspect	
	12 41	☽△♄	G
	17 13	☽□♆	B
9 Fr	03 05	♂⊻♅	
	05 29	☽☍♀	B
	06 13	☽□♃	B
	07 49	☽♋	
	09 18	☽∠♅	b
	12 55	♀□♃	
	15 55	☽☍☿	B
	18 43	☽⚼♄	b
10 Sa	03 54	♀♑	
	14 16	☽⊻♂	g
	14 53	☉∥♇	
	15 17	☽⚹♅	G
	15 58	☿∠♄	
	17 20	♀⚼♅	
11 Su	05 18	☽△♆	G
	14 11	☽☍♇	B
	14 44	☽#☿	G
	18 49	☽△♃	G
	19 37	☽∠♂	b
	20 09	☽♌	
	21 08	☽∥♂	B
12 Mo	04 11	☽#♀	G
	06 40	☽⚼☉	b
	11 40	☽⚼♆	b
	13 24	☽#☉	G
	14 40	☽#♇	D
	18 12	☉⚹♄	
13 Tu	01 04	☽⚹♂	G
	01 21	☽⚼♃	b
	03 47	☽□♅	B
	03 49	☉⊥♇	
	10 51	☽⚼♀	b
	14 09	☽☍♄	B
	15 52	☽△☉	G
	15 55	☉±♅	
	23 11	☽⚼☿	b
14 We	06 47	☿Q♆	
	08 20	☽∥♅	B
	08 45	☽♍	
	10 32	☽#♄	B
	17 10	☉□♆	
	19 55	♀∠♄	
	20 32	☽△♀	G
15 Th	09 00	☽⚼♇	b
	09 02	☽△☿	G
	11 29	☽□♂	B
	15 41	☽△♅	G

Day	Time	Aspect	
16 Fr	03 12	☿▽♂	
	05 41	☽☍♆	B
	06 37	☿#♂	
	08 56	☽□☉	B
	14 25	☽△♇	G
	16 29	☽#♆	D
	19 13	☽☍♃	B
	19 49	☽♎	
	20 48	☽⚼♅	b
17 Sa	03 31	☽#♃	G
	07 23	☽⚼♄	b
	13 28	☽□♀	B
	14 04	☿⊥♄	
	14 33	☽∥♃	G
	19 44	☽△♂	G
	21 37	☿△♅	
18 Su	01 20	☽∥♆	D
	01 26	☽□☿	B
	11 31	☽△♄	G
	16 46	♀Q♆	
	22 03	☽⚹☉	G
	22 20	♂⚼♇	
	22 35	☽⚼♂	b
	22 35	☽□♇	B
19 Mo	03 31	☽♏	
	05 26	☉⊻♇	
	17 11	☽⚼♆	b
	17 37	♀▽♂	
	22 29	☿Q♃	
	22 30	☿±♂	
	22 32	♂Q♃	
20 Tu	01 22	☽⚹♀	G
	01 30	☽∥♄	B
	02 40	☽∠☉	b
	03 52	☽#♅	B
	05 47	☽⚼♃	b
	06 33	☽☍♅	B
	11 58	☽⚹☿	G
	14 32	♃♈	
	14 37	☿∥♀	
	16 41	☽□♄	B
	19 01	☽△♆	G
21 We	02 45	☽⚹♇	G
	05 20	☽∠♀	b
	06 06	☽⊻☉	g
	07 13	☽♐	
	07 19	☽△♃	G
	14 23	☽∥♇	D
	15 09	☽∠☿	b

Day	Time	Aspect	
	17 51	☽∥☉	G
	18 30	☽∥☿	G
	19 53	☽∥♀	G
	21 48	☉♑	
22 Th	00 50	☉□♃	
	01 48	☽☍♂	B
	02 43	☉∥☿	
	03 22	☽#♂	B
	03 31	☽∠♇	b
	06 22	☉⚼♅	
	08 15	☽⊻♀	g
	09 48	♀△♅	
	12 49	♀⊥♄	
	17 15	☽⊻☿	g
	18 19	☽⚹♄	G
	20 16	☽□♆	B
23 Fr	03 40	☽⊻♇	g
	07 49	☽♑	
	08 13	☽□♃	B
	08 21	☽⚼♅	b
	10 17	☽☌☉	D
	13 08	☿⊻♄	
	14 47	♀±♂	
	18 20	☽∠♄	b
	22 32	☿∥♇	
24 Sa	00 43	♃∠♅	
	08 02	☽△♅	G
	12 16	☽☌♀	G
	13 05	☉∥♀	
	18 08	☽⊻♄	g
	19 32	☽☌☿	G
	19 48	☽⚹♆	G
	19 58	♀Q♃	
25 Su	00 08	☽⚼♂	b
	01 17	☿⚹♆	
	03 11	☽☌♇	D
	07 14	☽♒	
	07 56	☽⚹♃	G
	09 32	☽#♂	B
	13 06	☽⊻☉	g
	18 41	☽∥☉	G
	19 36	☽∠♆	b
	19 40	☽∥♀	G
	21 49	☽∥♇	D
	23 34	☽△♂	G
26 Mo	01 41	☽∥☿	G
	07 35	☽□♅	B
	08 03	☽∠♃	b
	14 54	☽∠☉	b

Day	Time	Aspect	
	16 23	☽⊻♀	g
	18 19	☽☌♄	B
	19 46	☽⊻♆	g
	21 24	☽⊻☿	g
27 Tu	03 28	☽⊻♇	g
	07 19	☽#♅	B
	07 34	☽♓	
	08 39	☽⊻♃	g
	10 19	☽∥♄	B
	16 53	♀⊻♄	
	17 23	☽⚹☉	G
	19 24	☽∠♀	b
	22 49	☽∠☿	b
	23 36	♀∥♇	
	23 54	☽□♂	B
28 We	04 30	☽∠♇	b
	08 32	♀⚹♆	
	09 02	☽⚹♅	G
	20 51	☽⊻♄	g
	21 19	☉∠♄	
	22 05	☽☌♆	D
	23 25	☽⚹♀	G
29 Th	00 43	☽⚹☿	G
	06 21	☽⚹♇	G
	07 29	☽∥♆	D
	09 31	☿Stat	
	10 36	☽♈	
	10 57	☽∠♅	b
	12 11	☽☌♃	G
	13 58	☿☌♀	
	16 16	♀⚼♂	
	19 28	☽∥♃	G
	23 24	☽∠♄	b
30 Fr	01 21	☽□☉	B
	01 44	☽#♃	G
	03 17	☽⚹♂	G
	13 45	☽⊻♅	g
	14 01	☽#♆	D
	23 21	☉▽♂	
31 Sa	02 52	☽⚹♄	G
	03 51	☽⊻♆	g
	06 00	☽□☿	B
	06 18	☽∠♂	b
	10 59	☽□♀	B
	12 44	☽□♇	B
	17 08	☽♉	
	19 20	☽⊻♃	g

Longitudes of Chiron, 4 larger asteroids, and the Black Moon Lilith 2022

		Chiron ⚷	Ceres ⚳	Pallas ⚴	Juno ⚵	Vesta ⚶	BML ⚸
JAN	01	08♈31	28♉35R	16♓35	17♑35	24♐48	18♊31
	11	08♈40	28♉00R	19♓14	21♑29	00♑09	19♊38
	21	08♈55	28♉07	22♓10	25♑26	05♑27	20♊44
	31	09♈15	28♉52	25♓20	29♑25	10♑43	21♊51
FEB	01	09♈17	28♉59	25♓39	29♑49	11♑14	21♊57
	11	09♈41	00♊23	29♓02	03♒48	16♑24	23♊04
	21	10♈09	02♊19	02♈36	07♒47	21♑29	24♊10
	31	10♈40	04♊40	06♈19	11♒45	26♑28	25♊17
MAR	01	10♈34	04♊10	05♈33	10♒57	25♑29	25♊04
	11	11♈06	06♊50	09♈22	14♒53	00♒21	26♊10
	21	11♈40	09♊49	13♈19	18♒46	05♒05	27♊17
	31	12♈16	13♊04	17♈22	22♒35	09♒40	28♊24
APR	01	12♈19	13♊25	17♈46	22♒58	10♒07	28♊30
	11	12♈54	16♊55	21♈56	26♒41	14♒28	29♊37
	21	13♈29	20♊37	26♈10	00♓18	18♒35	00♋44
	31	14♈02	24♊28	00♉30	03♓46	22♒27	01♋51
MAY	01	14♈02	24♊28	00♉30	03♓46	22♒27	01♋51
	11	14♈33	28♊27	04♉53	07♓05	25♒59	02♋57
	21	15♈01	02♋33	09♉21	10♓11	29♒09	04♋04
	31	15♈26	06♋44	13♉53	13♓02	01♓54	05♋11
JUN	01	15♈28	07♋10	14♉21	13♓18	02♓08	05♋18
	11	15♈49	11♋26	18♉56	15♓49	04♓18	06♋24
	21	16♈06	15♋46	23♉35	17♓59	05♓52	07♋31
	31	16♈17	20♋09	28♉17	19♓42	06♓44	08♋38

		Chiron ⚷	Ceres ⚳	Pallas ⚴	Juno ⚵	Vesta ⚶	BML ⚸
JUL	01	16♈17	20♋09	28♉17	19♓42	06♓44	08♋38
	11	16♈24	24♋34	03♊01	20♓53	06♓51R	09♋45
	21	16♈26R	29♋00	07♊47	21♓28	06♓10R	10♋52
	31	16♈22R	03♌28	12♊35	21♓23R	04♓43R	11♋59
AUG	01	16♈22R	03♌55	13♊03	21♓20R	04♓33R	12♋06
	11	16♈13R	08♌24	17♊51	20♓28R	02♓26R	13♋13
	21	15♈59R	12♌52	22♊37	18♓54R	29♒59R	14♋20
	31	15♈41R	17♌19	27♊20	16♓47R	27♒32R	15♋27
SEP	01	15♈39R	17♌46	27♊49	16♓33R	27♒18R	15♋33
	11	15♈17R	22♌12	02♋26	14♓07R	25♒14R	16♋40
	21	14♈52R	26♌35	06♋56	11♓43R	23♒46R	17♋48
	31	14♈25R	00♍55	11♋13	09♓41R	23♒03R	18♋55
OCT	01	14♈25R	00♍55	11♋13	09♓41R	23♒03R	18♋55
	11	13♈58R	05♍10	15♋13	08♓18R	23♒06	20♋02
	21	13♈32R	09♍20	18♋51	07♓43R	23♒53	21♋09
	31	13♈07R	13♍22	21♋58	07♓58	25♒21	22♋16
NOV	01	13♈04R	13♍45	22♋14	08♓02	25♒31	22♋23
	11	12♈42R	17♍37	24♋36	09♓11	27♒36	23♋30
	21	12♈23R	21♍17	26♋06	11♓04	00♓10	24♋37
	31	12♈09R	24♍44	26♋33R	13♓37	03♓08	25♋44
DEC	01	12♈09R	24♍44	26♋33R	13♓37	03♓08	25♋44
	11	12♈00R	27♍52	25♋48R	16♓44	06♓26	26♋51
	21	11♈56R	00♎40	23♋53R	20♓20	10♓01	27♋59
	31	11♈58	03♎03	20♋59R	24♓22	13♓50	29♋06

DISTANCES APART OF ALL ☌s AND ☍s IN 2022

Note: The Distances Apart are in Declination

JANUARY					
2	18	33	☽ ☌ ☉	3	24
3	09	59	☽ ☌ ♀	7	26
3	16	20	☽ ☌ ♇	2	27
4	02	37	☽ ☌ ☿	3	00
4	18	44	☽ ☌ ♄	3	54
6	02	57	☽ ☌ ♃	3	53
7	12	40	☽ ☌ ♆	3	24
9	00	48	☉ ☌ ♀	4	48
11	12	21	☽ ☌ ♅	1	17
15	02	21	☽ ☍ ♂	1	41
16	14	51	☉ ☌ ♇	1	43
16	20	50	☽ ☍ ♀	9	41
17	21	08	☽ ☍ ♇	2	26
17	23	48	☽ ☍ ☉	4	12
18	20	39	☽ ☍ ☿	6	43
19	07	19	☽ ☍ ♄	3	52
20	22	58	☽ ☍ ♃	3	47
22	05	43	☽ ☍ ♆	3	17
23	10	28	☉ ☌ ☿	3	13
25	22	52	☽ ☍ ♅	1	09
29	04	16	☿ ☌ ♇	5	10
29	15	10	☽ ☌ ♂	2	24
30	03	08	☽ ☌ ♀	10	08
31	02	26	☽ ☌ ☿	7	22
31	04	44	☽ ☌ ♇	2	27

FEBRUARY					
1	05	46	☽ ☌ ☉	4	37
1	11	01	☽ ☌ ♄	3	52
2	23	57	☽ ☌ ♃	3	42
3	23	54	☽ ☌ ♆	3	13
4	19	05	☉ ☌ ♄	0	49
7	20	22	☽ ☌ ♅	1	02
11	14	04	☿ ☌ ♇	2	58
13	04	21	☽ ☍ ♂	3	00
13	05	45	☽ ☍ ♀	9	32
14	06	07	☽ ☍ ♇	2	29
14	10	27	☽ ☍ ☿	5	01
15	20	38	☽ ☍ ♄	3	52
16	14	29	♀ ☌ ♂	6	12
16	16	56	☽ ☍ ☉	4	41
17	17	26	☽ ☍ ♃	3	34
18	13	22	☽ ☍ ♆	3	07
22	05	10	☽ ☍ ♅	0	52
27	09	06	☽ ☌ ♀	8	32
27	10	06	☽ ☌ ♂	3	26
27	14	49	☽ ☌ ♇	2	33
28	22	11	☽ ☌ ☿	3	24

MARCH					
1	02	01	☽ ☌ ♄	3	53
2	16	33	☿ ☌ ♄	0	38
2	17	35	☽ ☌ ☉	4	27
2	21	24	☽ ☌ ♃	3	29
3	08	43	♂ ☌ ♇	0	57
3	11	37	☽ ☌ ♆	3	05
3	17	56	♀ ☌ ♇	5	37
5	14	06	☉ ☌ ♃	0	54
6	07	12	♀ ☌ ♂	4	25
7	06	38	☽ ☌ ♅	0	44
13	11	43	☉ ☌ ♆	1	02
13	15	44	☽ ☍ ♇	2	38
14	07	17	☽ ☍ ♂	3	41
14	10	00	☽ ☍ ♀	7	17
15	10	56	☽ ☍ ♄	3	56
17	02	08	☽ ☍ ☿	2	24
17	13	44	☽ ☍ ♃	3	22
17	23	02	☽ ☍ ♆	3	03
18	07	18	☽ ☍ ☉	3	53
21	06	06	☿ ☌ ♃	1	05
21	12	58	☽ ☍ ♅	0	36
23	17	44	☿ ☌ ♆	0	51
26	22	04	☽ ☌ ♇	2	42
28	05	08	☽ ☌ ♂	3	44
28	13	48	☽ ☌ ♀	5	59
28	14	11	☽ ☌ ♄	3	58
28	19	27	♀ ☌ ♄	2	00
30	17	24	☽ ☌ ♃	3	15
30	21	55	☽ ☌ ♆	3	03

APRIL					
1	02	34	☽ ☌ ☿	2	06
1	06	24	☽ ☌ ☉	3	09
2	23	11	☉ ☌ ☿	0	57
3	17	47	☽ ☌ ♅	0	30
5	01	51	♂ ☌ ♄	0	17
10	01	01	☽ ☍ ♇	2	46
12	00	50	☽ ☍ ♄	4	00
12	10	17	☽ ☍ ♂	3	36
12	14	42	♃ ☌ ♆	0	05
13	05	27	☽ ☍ ♀	4	29
14	10	11	☽ ☍ ♆	3	03
14	10	49	☽ ☍ ♃	3	08
16	18	55	☽ ☍ ☉	2	08
17	22	43	☽ ☍ ☿	2	18
17	23	28	☽ ☍ ♅	0	25
18	04	51	☿ ☌ ♅	1	53
23	03	53	☽ ☌ ♇	2	48
24	23	33	☽ ☌ ♄	4	00
26	00	51	☽ ☌ ♂	3	19
27	04	50	☽ ☌ ♀	3	07
27	06	02	☽ ☌ ♆	3	04
27	11	07	☽ ☌ ♃	3	00
27	19	11	♀ ☌ ♆	0	00
30	20	28	☽ ☌ ☉	1	03
30	21	14	♀ ☌ ♃	0	13

MAY					
1	04	24	☽ ☌ ♅	0	21
2	15	05	☽ ☌ ☿	1	44
5	07	21	☉ ☌ ♅	0	21
7	08	59	☽ ☍ ♇	2	48
9	12	39	☽ ☍ ♄	3	59
11	12	17	☽ ☍ ♂	2	50
11	21	17	☽ ☍ ♆	3	03
12	07	02	☽ ☍ ♃	2	50
13	03	49	☽ ☍ ♀	1	32
15	12	04	☽ ☍ ♅	0	17
16	04	14	☽ ☍ ☉	0	15
16	17	19	☽ ☍ ☿	0	45
18	06	33	♂ ☌ ♆	0	29
20	10	24	☽ ☌ ♇	2	45
21	19	18	☉ ☌ ☿	1	13
22	07	19	☽ ☌ ♄	3	57
24	12	41	☽ ☌ ♆	3	02
24	21	33	☽ ☌ ♂	2	17
25	02	27	☽ ☌ ♃	2	40
27	03	00	☽ ☌ ♀	0	10
28	13	50	☽ ☌ ♅	0	13
29	10	31	♂ ☌ ♃	0	32
29	11	15	☽ ☌ ☿	3	27
30	11	30	☽ ☌ ☉	1	29

JUNE					
3	15	15	☽ ☍ ♇	2	41
5	21	03	☽ ☍ ♄	3	52
8	06	44	☽ ☍ ♆	2	58
9	00	26	☽ ☍ ♃	2	26
9	12	16	☽ ☍ ♂	1	31
11	22	58	♀ ☌ ♅	1	28
12	01	05	☽ ☍ ♅	0	08
12	01	16	☽ ☍ ♀	1	21
12	21	40	☽ ☍ ☿	4	25
14	11	52	☽ ☍ ☉	2	42
16	18	41	☽ ☌ ♇	2	37
18	14	47	☽ ☌ ♄	3	47
20	19	21	☽ ☌ ♆	2	54
21	15	37	☽ ☌ ♃	2	15
22	18	58	☽ ☌ ♂	0	47
24	22	15	☽ ☌ ♅	0	03
26	07	03	☽ ☌ ♀	2	33
27	07	22	☽ ☌ ☿	3	52
29	02	52	☽ ☌ ☉	3	40
30	20	14	☽ ☍ ♇	2	32

JULY					
3	01	55	☽ ☍ ♄	3	40
5	13	46	☽ ☍ ♆	2	47
6	13	13	☽ ☍ ♃	2	00
8	09	06	☽ ☍ ♂	0	09
9	12	34	☽ ☍ ♅	0	06
11	21	12	☽ ☍ ♀	3	37
13	11	59	☽ ☍ ☿	3	02
13	18	38	☽ ☍ ☉	4	22
14	04	17	☽ ☌ ♇	2	29
15	22	27	☽ ☌ ♄	3	35
16	19	38	☉ ☌ ☿	1	30
18	03	07	☽ ☌ ♆	2	42
18	07	01	☿ ☍ ♇	0	29
19	02	35	☽ ☌ ♃	1	50
20	01	39	☉ ☍ ♇	2	06
21	16	06	☽ ☌ ♂	0	56
22	06	14	☽ ☌ ♅	0	13
26	14	54	☽ ☌ ♀	4	10
28	00	54	☽ ☍ ♇	2	27
28	17	55	☽ ☌ ☉	4	43
29	23	49	☽ ☌ ☿	3	14
30	04	29	☽ ☍ ♄	3	30
31	06	05	☿ ☍ ♄	0	13

AUGUST					
1	18	50	☽ ☍ ♆	2	36
1	23	53	♂ ☌ ♅	1	16
2	20	27	☽ ☍ ♃	1	38
5	21	13	☽ ☍ ♅	0	23
6	01	38	☽ ☍ ♂	1	50
9	05	18	♀ ☍ ♇	1	49
10	13	45	☽ ☌ ♇	2	28
10	16	39	☽ ☍ ♀	4	16
12	01	36	☽ ☍ ☉	4	45
12	05	58	☽ ☌ ♄	3	29
13	19	02	☽ ☍ ☿	4	08
14	11	58	☽ ☌ ♆	2	33
14	17	11	☉ ☍ ♄	1	14
15	10	59	☽ ☌ ♃	1	32
18	14	20	☽ ☌ ♅	0	30
19	11	06	☽ ☌ ♂	2	31
21	07	40	☿ ☍ ♆	2	13
24	06	17	☽ ☍ ♇	2	29
25	23	50	☽ ☌ ♀	3	53
26	06	55	☽ ☍ ♄	3	29
27	08	17	☽ ☌ ☉	4	27
28	18	27	♀ ☍ ♄	0	17
28	23	27	☽ ☍ ♆	2	29
29	16	10	☽ ☌ ☿	5	28
29	23	00	☽ ☍ ♃	1	27

SEPTEMBER					
2	03	06	☽ ☍ ♅	0	38
3	01	49	☿ ☍ ♃	4	24
3	12	23	☽ ☍ ♂	3	09
6	21	43	☽ ☌ ♇	2	33
8	12	34	☽ ☌ ♄	3	32
9	13	39	☽ ☍ ♀	3	13
10	09	59	☽ ☍ ☉	3	56
10	20	55	☽ ☌ ♆	2	29
11	16	30	☽ ☌ ♃	1	29
11	21	52	☽ ☍ ☿	6	32
14	22	34	☽ ☌ ♅	0	43
16	22	21	☉ ☍ ♆	1	07
17	00	52	☽ ☌ ♂	3	32
18	22	34	☿ ☍ ♃	4	58
20	12	58	☽ ☍ ♇	2	38
22	11	07	☽ ☍ ♄	3	36
23	06	50	☉ ☌ ☿	2	38
24	08	51	♀ ☍ ♆	0	11
25	05	10	☽ ☍ ♆	2	31
25	07	24	☽ ☌ ♀	2	15
25	12	49	☽ ☌ ☿	5	25
25	21	55	☽ ☌ ☉	3	07
25	23	45	☽ ☍ ♃	1	34
26	17	59	☿ ☌ ♀	2	57
26	19	33	☉ ☍ ♃	1	29
29	07	49	☽ ☍ ♅	0	46

OCTOBER					
1	15	03	☽ ☍ ♂	3	43
1	18	12	♀ ☍ ♃	0	11
4	03	49	☽ ☌ ♇	2	42
5	18	00	☽ ☌ ♄	3	40
8	04	40	☽ ☌ ♆	2	33
8	11	10	☽ ☍ ☿	2	09
8	19	37	☽ ☌ ♃	1	41
9	14	20	☽ ☍ ♀	1	14
9	20	55	☽ ☍ ☉	2	11
12	06	20	☽ ☌ ♅	0	46
12	07	24	☿ ☍ ♃	0	14
15	04	11	☽ ☌ ♂	3	36
17	20	56	☽ ☍ ♇	2	46
19	17	59	☽ ☍ ♄	3	44
22	12	37	☽ ☍ ♆	2	36
22	21	17	☉ ☌ ♀	0	59
23	02	17	☽ ☍ ♃	1	50
24	16	01	☽ ☌ ☿	0	19
25	10	49	☽ ☌ ☉	0	59
25	12	05	☽ ☌ ♀	0	00
26	13	34	☽ ☍ ♅	0	43
29	05	59	☽ ☍ ♂	3	10
31	09	23	☽ ☌ ♇	2	47

NOVEMBER					
1	23	22	☽ ☌ ♄	3	46

Note: The Distances Apart are in Declination

								DECEMBER							
4	10 34	☽☌Ψ	2 38	18	21 12	☽☍Ψ	2 38					16	05 41	☽☍Ψ	2 32
4	22 05	☽☌♃	1 57	19	08 47	☽☍♃	2 02					16	19 13	☽☍♃	1 59
5	22 22	♀☍♅	0 13	21	22 55	☿☌♀	1 17	1	05 28	♀☍♂	1 37	20	06 33	☽☍♅	0 36
8	10 44	☽☍☿	0 20	22	21 24	☽☍♅	0 37	1	15 36	☽☌Ψ	2 37	22	01 48	☽☍♂	0 12
8	11 02	☽☍☉	0 14	23	22 57	☽☌☉	1 37	2	02 44	☽☌♃	2 03	23	10 17	☽☌☉	3 52
8	12 47	☽☌♅	0 40	24	13 26	☽☌♀	2 15	5	17 38	☽☌♅	0 35	24	12 16	☽☌♀	3 26
8	16 43	☉☌☿	0 05	24	14 49	☽☌☿	0 54	8	04 08	☽☍☉	2 48	24	19 32	☽☌☿	3 41
8	19 51	☽☍♀	1 08	25	06 36	☽☍♂	1 29	8	04 19	☽☌♂	0 32	25	03 11	☽☌♇	2 38
9	02 40	☿☍♅	0 19	27	16 43	☽☌♇	2 45	8	05 42	☉☍♂	2 17	26	18 19	☽☌♄	3 34
9	08 26	☉☍♅	0 21	29	06 53	☽☌♄	3 44	9	05 29	☽☍♀	3 01	28	22 05	☽☌Ψ	2 27
11	13 34	☽☌♂	2 27	29	20 30	☿☍♂	0 00	9	15 55	☽☍☿	1 42	29	12 11	☽☌♃	1 53
14	05 35	☽☍♇	2 47					11	14 11	☽☍♇	2 41	29	13 58	☿☌♀	1 25
16	03 17	☽☍♄	3 46					13	14 09	☽☍♄	3 39				

PHENOMENA IN 2022

d h JANUARY

1 23 ☽ in Perigee
2 14 ☽ Max. Dec.26°S18′
4 07 ⊕ in perihelion
7 11 ☿ Gt.Elong. 19 ° E.
8 23 ☽ Zero Dec.
11 07 ☿☊
14 09 ☽ in Apogee
15 23 ☿ in perihelion
16 10 ☽ Max. Dec.26°N18′
23 06 ♀ in perihelion
23 15 ☽ Zero Dec.
29 23 ☽ Max. Dec.26°S22′
30 07 ☽ in Perigee

FEBRUARY

5 07 ☽ Zero Dec.
11 03 ☽ in Apogee
12 17 ☽ Max. Dec.26°N27′
16 21 ☿ Gt.Elong. 26 ° W.
18 14 ☿☋
19 19 ☽ Zero Dec.
26 07 ☽ Max. Dec.26°S33′
26 22 ☽ in Perigee
28 23 ☿ in aphelion

MARCH

4 16 ☽ Zero Dec.
10 23 ☽ in Apogee
12 00 ☽ Max. Dec.26°N40′
19 02 ☽ Zero Dec.
20 09 ♀ Gt.Elong. 47 ° W.
20 16 ☉ enters ♈,Equinox
24 00 ☽ in Perigee
25 12 ☽ Max. Dec.26°S47′

APRIL

1 01 ☽ Zero Dec.
7 19 ☽ in Apogee
8 08 ☽ Max. Dec.26°N53′
9 06 ☿☊
10 21 ♀☋
13 22 ☿ in perihelion
15 12 ☽ Zero Dec.
19 15 ☽ in Perigee
21 18 ☽ Max. Dec.26°S56′
28 08 ☽ Zero Dec.
29 08 ☿ Gt.Elong. 20 ° E.
30 16 ● Partial eclipse

d h MAY

5 13 ☽ in Apogee
5 16 ☽ Max. Dec.26°N58′
12 22 ☽ Zero Dec.
15 11 ♀ in aphelion
16 00 ☽ Total eclipse
17 13 ☿☋
17 16 ☽ in Perigee
19 01 ☽ Max. Dec.26°S58′
25 13 ☽ Zero Dec.
27 22 ☿ in aphelion

JUNE

1 23 ☽ Max. Dec.26°N56′
2 01 ☽ in Apogee
9 07 ☽ Zero Dec.
14 23 ☽ in Perigee
15 11 ☽ Max. Dec.26°S55′
16 15 ☿ Gt.Elong. 23 ° W.
21 09 ☉ enters ♋,Solstice
21 13 ♂ in perihelion
21 19 ☽ Zero Dec.
29 04 ☽ Max. Dec.26°N54′
29 06 ☽ in Apogee

JULY

4 07 ⊕ in aphelion
6 06 ☿☊
6 14 ☽ Zero Dec.
10 22 ☿ in perihelion
12 21 ☽ Max. Dec.26°S55′
13 09 ☽ in Perigee
19 01 ☽ Zero Dec.
26 09 ☽ Max. Dec.26°N57′
26 11 ☽ in Apogee

AUGUST

2 01 ♀☊
2 18 ☽ Zero Dec.
9 07 ☽ Max. Dec.27°S02′
10 17 ☽ in Perigee
13 12 ☿☋
15 10 ☽ Zero Dec.
22 15 ☽ Max. Dec.27°N06′
22 22 ☽ in Apogee
23 21 ☿ in aphelion
27 16 ☿ Gt.Elong. 27 ° E.
29 23 ☽ Zero Dec.

d h SEPTEMBER

4 20 ♀ in perihelion
5 14 ☽ Max. Dec.27°S13′
7 18 ☽ in Perigee
11 19 ☽ Zero Dec.
18 22 ☽ Max. Dec.27°N19′
19 15 ☽ in Apogee
23 01 ☉ enters ♎,Equinox
26 06 ☽ Zero Dec.

OCTOBER

2 05 ☿☊
2 19 ☽ Max. Dec.27°S25′
4 17 ☽ in Perigee
6 21 ☿ in perihelion
8 21 ☿ Gt.Elong. 18 ° W.
9 04 ☽ Zero Dec.
16 06 ☽ Max. Dec.27°N28′
17 10 ☽ in Apogee
20 02 ♂☊
23 15 ☽ Zero Dec.
25 07 ● Partial eclipse
29 14 ☽ in Perigee
30 01 ☽ Max. Dec.27°S30′

NOVEMBER

5 12 ☽ Zero Dec.
8 06 ☽ Total eclipse
9 12 ☿☋
12 14 ☽ Max. Dec.27°N30′
14 07 ☽ in Apogee
19 21 ☿ in aphelion
20 00 ☽ Zero Dec.
21 14 ♀☋
26 01 ☽ in Perigee
26 09 ☽ Max. Dec.27°S29′

DECEMBER

2 18 ☽ Zero Dec.
9 21 ☽ Max. Dec.27°N26′
12 00 ☽ in Apogee
17 09 ☽ Zero Dec.
21 16 ☿ Gt.Elong. 20 ° E.
21 22 ☉ enters ♑,Solstice
23 18 ☽ Max. Dec.27°S25′
24 08 ☽ in Perigee
26 03 ♀ in aphelion
29 04 ☿☊
29 23 ☽ Zero Dec.

LOCAL MEAN TIME OF SUNRISE FOR LATITUDES
60° North to 50° South
FOR ALL SUNDAYS IN 2022 (ALL TIMES ARE A.M.)

Date	Northern Latitudes									Southern Latitudes				
	LON-DON	60°	55°	50°	40°	30°	20°	10°	0°	10°	20°	30°	40°	50°
2021	h m	h m	h m	h m	h m	h m	h m	h m	h m	h m	h m	h m	h m	h m
Dec 26	8 5	9 3	8 25	7 57	7 20	6 54	6 33	6 14	5 57	5 39	5 20	4 58	4 30	3 49
2022														
Jan 2	8 5	9 1	8 25	7 58	7 21	6 56	6 35	6 17	6 0	5 43	5 25	5 3	4 35	3 56
9	8 3	8 56	8 21	7 56	7 21	6 56	6 37	6 20	6 3	5 47	5 29	5 8	4 42	4 5
16	7 58	8 46	8 15	7 52	7 19	6 56	6 37	6 21	6 6	5 50	5 34	5 14	4 50	4 15
23	7 51	8 33	8 5	7 45	7 16	6 55	6 37	6 22	6 8	5 53	5 38	5 20	4 57	4 26
30	7 41	8 18	7 54	7 36	7 10	6 51	6 36	6 22	6 10	5 57	5 42	5 26	5 6	4 38
Feb 6	7 30	8 2	7 41	7 26	7 4	6 47	6 33	6 22	6 11	5 59	5 47	5 33	5 15	4 50
13	7 18	7 43	7 27	7 14	6 56	6 42	6 30	6 20	6 11	6 1	5 50	5 38	5 24	5 3
20	7 4	7 24	7 11	7 1	6 46	6 35	6 26	6 18	6 10	6 2	5 53	5 44	5 31	5 15
27	6 49	7 4	6 55	6 47	6 36	6 28	6 21	6 15	6 9	6 3	5 57	5 49	5 40	5 27
Mar 6	6 34	6 44	6 37	6 33	6 25	6 21	6 15	6 11	6 8	6 3	5 59	5 54	5 48	5 38
13	6 19	6 23	6 20	6 18	6 14	6 12	6 10	6 8	6 6	6 4	6 1	5 59	5 55	5 50
20	6 2	6 1	6 2	6 3	6 3	6 4	6 4	6 4	6 4	6 4	6 3	6 3	6 2	6 1
27	5 47	5 40	5 45	5 48	5 52	5 56	5 58	6 0	6 2	6 3	6 5	6 8	6 10	6 12
Apr 3	5 31	5 19	5 26	5 33	5 41	5 47	5 52	5 56	6 0	6 3	6 8	6 11	6 16	6 23
10	5 15	4 58	5 9	5 17	5 30	5 38	5 46	5 52	5 58	6 3	6 9	6 16	6 23	6 34
17	5 0	4 38	4 52	5 3	5 19	5 31	5 40	5 48	5 56	6 3	6 11	6 20	6 31	6 45
24	4 45	4 18	4 35	4 50	5 9	5 24	5 35	5 45	5 54	6 3	6 13	6 24	6 37	6 56
May 1	4 32	3 58	4 20	4 37	5 0	5 17	5 30	5 42	5 53	6 4	6 15	6 28	6 45	7 7
8	4 19	3 39	4 6	4 24	4 52	5 12	5 27	5 40	5 53	6 5	6 19	6 33	6 52	7 17
15	4 8	3 22	3 53	4 14	4 44	5 6	5 24	5 38	5 52	6 7	6 21	6 37	6 58	7 27
22	3 58	3 7	3 41	4 5	4 39	5 3	5 22	5 38	5 53	6 8	6 23	6 42	7 5	7 35
29	3 51	2 54	3 32	3 58	4 34	5 0	5 20	5 37	5 53	6 10	6 26	6 46	7 10	7 43
Jun 5	3 45	2 44	3 25	3 53	4 31	4 58	5 19	5 38	5 54	6 11	6 29	6 49	7 15	7 51
12	3 43	2 37	3 21	3 50	4 30	4 58	5 20	5 38	5 56	6 13	6 32	6 53	7 18	7 55
19	3 42	2 36	3 20	3 50	4 30	4 59	5 21	5 40	5 58	6 15	6 33	6 55	7 21	7 59
26	3 44	2 37	3 22	3 52	4 32	5 1	5 23	5 41	5 59	6 16	6 35	6 56	7 22	8 0
Jul 3	3 48	2 44	3 27	3 56	4 35	5 3	5 25	5 43	6 0	6 18	6 35	6 56	7 22	7 59
10	3 55	2 54	3 34	4 2	4 40	5 6	5 27	5 45	6 1	6 18	6 35	6 56	7 20	7 55
17	4 3	3 7	3 44	4 9	4 45	5 10	5 29	5 47	6 2	6 18	6 34	6 54	7 17	7 50
24	4 11	3 22	3 55	4 18	4 51	5 14	5 33	5 48	6 3	6 18	6 33	6 50	7 12	7 42
31	4 21	3 38	4 7	4 28	4 57	5 18	5 35	5 49	6 2	6 16	6 30	6 46	7 6	7 33
Aug 7	4 32	3 55	4 19	4 38	5 3	5 23	5 37	5 50	6 2	6 14	6 26	6 41	6 58	7 22
14	4 43	4 11	4 32	4 48	5 11	5 26	5 39	5 50	6 1	6 11	6 22	6 34	6 49	7 10
21	4 54	4 28	4 45	4 58	5 17	5 30	5 41	5 51	6 0	6 8	6 17	6 27	6 40	6 56
28	5 5	4 45	4 58	5 8	5 24	5 35	5 43	5 50	5 58	6 4	6 11	6 20	6 30	6 43
Sep 4	5 17	5 2	5 12	5 19	5 30	5 38	5 45	5 50	5 56	6 0	6 6	6 11	6 19	6 28
11	5 28	5 18	5 25	5 29	5 37	5 42	5 47	5 50	5 53	5 57	6 0	6 3	6 8	6 13
18	5 39	5 35	5 37	5 40	5 43	5 46	5 48	5 49	5 50	5 52	5 53	5 54	5 56	5 58
25	5 50	5 51	5 50	5 50	5 50	5 49	5 49	5 48	5 48	5 48	5 47	5 46	5 45	5 42
Oct 2	6 2	6 8	6 4	6 1	5 57	5 53	5 51	5 48	5 46	5 43	5 40	5 37	5 33	5 27
9	6 13	6 24	6 18	6 12	6 4	5 58	5 52	5 48	5 43	5 39	5 35	5 28	5 22	5 12
16	6 25	6 42	6 31	6 23	6 11	6 2	5 55	5 48	5 42	5 36	5 28	5 21	5 11	4 57
23	6 37	6 59	6 45	6 34	6 19	6 7	5 58	5 49	5 40	5 33	5 24	5 14	5 1	4 43
30	6 49	7 17	6 59	6 46	6 26	6 12	6 0	5 50	5 40	5 30	5 19	5 7	4 52	4 30
Nov 6	7 2	7 34	7 13	6 57	6 34	6 18	6 3	5 51	5 40	5 28	5 15	5 2	4 43	4 18
13	7 15	7 52	7 28	7 9	6 43	6 23	6 8	5 53	5 40	5 27	5 13	4 56	4 36	4 7
20	7 26	8 10	7 41	7 20	6 50	6 29	6 11	5 56	5 41	5 27	5 12	4 53	4 30	3 58
27	7 37	8 26	7 54	7 31	6 58	6 34	6 16	6 0	5 43	5 28	5 11	4 52	4 27	3 52
Dec 4	7 47	8 40	8 5	7 40	7 5	6 40	6 20	6 2	5 46	5 29	5 12	4 51	4 24	3 47
11	7 55	8 52	8 15	7 48	7 11	6 45	6 24	6 7	5 49	5 32	5 14	4 52	4 24	3 45
18	8 1	9 0	8 21	7 54	7 16	6 49	6 28	6 10	5 52	5 35	5 16	4 54	4 26	3 45
25	8 5	9 3	8 25	7 57	7 19	6 53	6 32	6 13	5 56	5 38	5 19	4 57	4 30	3 49
2023														
Jan 1	8 5	9 2	8 25	7 58	7 21	6 56	6 35	6 16	6 0	5 42	5 24	5 2	4 34	3 55

Example: To find the time of Sunrise in Jamaica (Latitude 18°N) on Friday, June 24, 2022. On June 19 L.M.T. = 5h.21m. + 2/10 x 19m. = 5h.25m., on June 26 L.M.T. = 5h.23m. + 2/10 x 18m. = 5h.27m. therefore L.M.T. on June 24 = 5h.25m. + 5/7 x 2m. = 5h.26m. A.M.

LOCAL MEAN TIME OF SUNSET FOR LATITUDES
60° North to 50° South
FOR ALL SUNDAYS IN 2022 (ALL TIMES ARE P.M.)

Date	Northern Latitudes									Southern Latitudes				
	LON-DON	60°	55°	50°	40°	30°	20°	10°	0°	10°	20°	30°	40°	50°
2021	h m	h m	h m	h m	h m	h m	h m	h m	h m	h m	h m	h m	h m	h m
Dec 26	3 56	2 58	3 36	4 3	4 41	5 7	5 28	5 47	6 4	6 22	6 41	7 3	7 30	8 11
2022														
Jan 2	4 3	3 7	3 44	4 9	4 46	5 12	5 33	5 50	6 8	6 24	6 43	7 5	7 32	8 11
9	4 11	3 19	3 53	4 18	4 52	5 17	5 37	5 54	6 11	6 27	6 45	7 6	7 31	8 8
16	4 21	3 33	4 5	4 28	5 0	5 23	5 41	5 58	6 13	6 28	6 45	7 5	7 29	8 3
23	4 33	3 50	4 18	4 39	5 8	5 29	5 46	6 1	6 15	6 30	6 45	7 3	7 25	7 56
30	4 45	4 8	4 32	4 51	5 16	5 35	5 50	6 4	6 16	6 30	6 43	6 59	7 19	7 47
Feb 6	4 58	4 27	4 47	5 3	5 25	5 41	5 54	6 6	6 18	6 28	6 41	6 55	7 12	7 37
13	5 11	4 45	5 2	5 14	5 33	5 47	5 58	6 8	6 18	6 27	6 37	6 49	7 4	7 24
20	5 24	5 4	5 16	5 26	5 41	5 52	6 1	6 9	6 17	6 24	6 33	6 43	6 55	7 11
27	5 37	5 22	5 31	5 38	5 49	5 58	6 4	6 10	6 16	6 22	6 28	6 35	6 45	6 57
Mar 6	5 48	5 39	5 46	5 50	5 57	6 2	6 7	6 11	6 14	6 18	6 22	6 27	6 33	6 43
13	6 1	5 57	6 0	6 1	6 4	6 7	6 9	6 11	6 12	6 14	6 16	6 20	6 22	6 27
20	6 12	6 14	6 13	6 12	6 11	6 11	6 11	6 11	6 11	6 11	6 11	6 11	6 11	6 12
27	6 24	6 31	6 27	6 23	6 19	6 15	6 12	6 11	6 9	6 7	6 4	6 2	6 0	5 57
Apr 3	6 36	6 48	6 41	6 34	6 26	6 20	6 14	6 11	6 7	6 2	5 59	5 54	5 49	5 42
10	6 48	7 6	6 54	6 45	6 33	6 24	6 16	6 10	6 4	5 59	5 52	5 46	5 38	5 27
17	7 0	7 22	7 8	6 56	6 40	6 28	6 19	6 11	6 2	5 55	5 47	5 38	5 27	5 13
24	7 11	7 40	7 21	7 7	6 47	6 33	6 21	6 11	6 1	5 52	5 42	5 31	5 17	5 0
May 1	7 23	7 57	7 35	7 18	6 55	6 37	6 23	6 11	6 0	5 49	5 38	5 25	5 8	4 47
8	7 34	8 15	7 49	7 29	7 1	6 42	6 26	6 12	6 0	5 48	5 34	5 19	5 1	4 35
15	7 45	8 31	8 1	7 39	7 8	6 46	6 28	6 13	6 0	5 46	5 31	5 14	4 54	4 26
22	7 55	8 48	8 13	7 49	7 15	6 50	6 32	6 15	6 0	5 45	5 29	5 11	4 49	4 17
29	8 4	9 2	8 24	7 57	7 20	6 55	6 34	6 17	6 1	5 45	5 28	5 8	4 44	4 10
Jun 5	8 12	9 14	8 33	8 4	7 25	6 58	6 37	6 19	6 2	5 45	5 27	5 7	4 41	4 6
12	8 17	9 22	8 38	8 9	7 29	7 1	6 39	6 21	6 3	5 46	5 27	5 7	4 41	4 4
19	8 20	9 27	8 42	8 12	7 31	7 4	6 42	6 22	6 5	5 48	5 29	5 7	4 41	4 4
26	8 22	9 27	8 43	8 13	7 32	7 5	6 43	6 24	6 7	5 49	5 30	5 9	4 43	4 6
Jul 3	8 19	9 23	8 40	8 12	7 32	7 5	6 44	6 25	6 8	5 50	5 33	5 12	4 46	4 9
10	8 15	9 15	8 35	8 8	7 30	7 4	6 43	6 25	6 9	5 52	5 35	5 15	4 50	4 16
17	8 9	9 3	8 27	8 2	7 27	7 1	6 42	6 25	6 10	5 54	5 37	5 18	4 55	4 22
24	8 0	8 49	8 17	7 53	7 21	6 58	6 40	6 24	6 10	5 56	5 40	5 23	5 1	4 31
31	7 50	8 33	8 4	7 44	7 15	6 54	6 37	6 23	6 10	5 57	5 42	5 26	5 7	4 40
Aug 7	7 38	8 15	7 51	7 32	7 7	6 48	6 33	6 21	6 9	5 58	5 45	5 31	5 14	4 50
14	7 24	7 56	7 35	7 20	6 58	6 42	6 29	6 18	6 8	5 58	5 47	5 35	5 20	5 0
21	7 10	7 36	7 19	7 7	6 48	6 35	6 24	6 15	6 7	5 58	5 49	5 39	5 26	5 10
28	6 55	7 16	7 3	6 53	6 37	6 27	6 19	6 11	6 4	5 58	5 50	5 42	5 33	5 20
Sep 4	6 39	6 55	6 45	6 37	6 26	6 19	6 12	6 7	6 2	5 57	5 52	5 47	5 39	5 30
11	6 23	6 33	6 27	6 22	6 15	6 11	6 6	6 3	6 0	5 57	5 53	5 50	5 46	5 40
18	6 8	6 12	6 9	6 7	6 4	6 1	6 0	5 59	5 57	5 56	5 55	5 54	5 52	5 51
25	5 51	5 50	5 51	5 51	5 52	5 53	5 53	5 54	5 54	5 56	5 57	5 58	5 59	6 1
Oct 2	5 36	5 29	5 34	5 36	5 40	5 44	5 47	5 50	5 52	5 55	5 58	6 1	6 6	6 12
9	5 19	5 8	5 15	5 22	5 29	5 36	5 41	5 46	5 50	5 55	6 0	6 6	6 13	6 23
16	5 4	4 48	4 58	5 7	5 19	5 28	5 36	5 42	5 48	5 55	6 2	6 11	6 21	6 34
23	4 50	4 29	4 42	4 53	5 9	5 21	5 30	5 39	5 48	5 56	6 5	6 15	6 28	6 46
30	4 37	4 9	4 27	4 40	5 0	5 14	5 26	5 37	5 47	5 57	6 8	6 21	6 36	6 58
Nov 6	4 24	3 52	4 12	4 29	4 52	5 9	5 23	5 35	5 47	5 59	6 11	6 26	6 45	7 10
13	4 13	3 35	4 0	4 18	4 45	5 4	5 20	5 35	5 48	6 1	6 15	6 32	6 53	7 22
20	4 4	3 20	3 49	4 10	4 40	5 2	5 19	5 35	5 49	6 3	6 20	6 37	7 0	7 33
27	3 57	3 8	3 41	4 4	4 37	5 0	5 19	5 36	5 51	6 7	6 24	6 44	7 8	7 44
Dec 4	3 53	2 59	3 34	3 59	4 34	5 0	5 19	5 37	5 53	6 11	6 28	6 49	7 16	7 53
11	3 50	2 54	3 32	3 58	4 34	5 1	5 22	5 39	5 57	6 14	6 33	6 55	7 22	8 2
18	3 52	2 53	3 32	3 59	4 37	5 3	5 24	5 42	6 0	6 18	6 36	6 58	7 27	8 7
25	3 55	2 57	3 35	4 3	4 40	5 6	5 27	5 46	6 3	6 21	6 40	7 2	7 30	8 11
2023														
Jan 1	4 1	3 4	3 42	4 8	4 45	5 11	5 31	5 50	6 7	6 24	6 43	7 5	7 32	8 12

Example: To find the time of Sunset in Canberra (Latitude 35.3°S) on Friday, July 15, 2022. On July 10 L.M.T. = 5h.15m. - 5.3/10 x 25m. = 5h.02m., on July 17 L.M.T. = 5h.18m. - 5.3/10 x 23m. = 5h.06m. so L.M.T. on July 15 = 5h.02m. + 5/7 x 4 m. = 5h.05m. P.M.

Sidereal Time	10 ♈	11 ♉	12 ♊	Ascen ♋	2 ♌	3 ♍
H. M. S.	°	°	°	° '	°	°
0 0 0	0	9	22	26 36	13	3
0 3 40	1	10	23	27 16	13	3
0 7 20	2	11	24	27 56	14	4
0 11 1	3	12	25	28 36	15	5
0 14 41	4	13	26	29 16	15	6
0 18 21	5	14	27	29 56	16	7
0 22 2	6	15	28	0♌36	17	8
0 25 43	7	16	29	1 16	18	8
0 29 23	8	17	29	1 56	18	9
0 33 4	9	18	♋	2 35	19	10
0 36 45	10	19	1	3 15	20	11
0 40 27	11	21	2	3 54	21	12
0 44 8	12	22	3	4 34	21	13
0 47 50	13	23	4	5 13	22	13
0 51 32	14	24	4	5 53	23	14
0 55 15	15	25	5	6 33	23	15
0 58 58	16	26	6	7 12	24	16
1 2 41	17	27	7	7 52	25	17
1 6 24	18	28	8	8 31	26	18
1 10 8	19	29	9	9 11	26	19
1 13 52	20	♊	9	9 50	27	19
1 17 36	21	1	10	10 30	28	20
1 21 21	22	2	11	11 9	29	21
1 25 7	23	3	12	11 49	29	22
1 28 53	24	4	12	12 29	♍	23
1 32 39	25	5	13	13 8	1	24
1 36 26	26	6	14	13 48	1	25
1 40 13	27	7	15	14 28	2	25
1 44 1	28	8	16	15 8	3	26
1 47 50	29	9	16	15 48	4	27
1 51 39	30	10	17	16 28	4	28

Sidereal Time	10 ♉	11 ♊	12 ♋	Ascen ♌	2 ♍	3 ♍
H. M. S.	°	°	°	° '	°	°
1 51 39	0	10	17	16 28	4	28
1 55 28	1	11	18	17 8	5	29
1 59 18	2	12	19	17 48	6	♎
2 3 9	3	13	20	18 29	7	1
2 7 0	4	14	20	19 9	8	2
2 10 52	5	15	21	19 50	8	3
2 14 45	6	15	22	20 30	9	3
2 18 38	7	16	23	21 11	10	4
2 22 32	8	17	23	21 52	11	5
2 26 27	9	18	24	22 33	11	6
2 30 22	10	19	25	23 14	12	7
2 34 18	11	20	26	23 55	13	8
2 38 15	12	21	27	24 36	14	9
2 42 12	13	22	27	25 18	14	10
2 46 10	14	23	28	25 59	15	11
2 50 9	15	24	29	26 41	16	12
2 54 8	16	25	♌	27 23	17	12
2 58 8	17	26	1	28 4	18	13
3 2 9	18	27	1	28 47	18	14
3 6 11	19	28	2	29 29	19	15
3 10 13	20	29	3	0♍11	20	16
3 14 16	21	♋	4	0 53	21	17
3 18 20	22	1	5	1 36	22	18
3 22 25	23	1	5	2 19	22	19
3 26 30	24	2	6	3 2	23	20
3 30 36	25	3	7	3 45	24	21
3 34 43	26	4	8	4 28	25	22
3 38 50	27	5	9	5 11	26	23
3 42 58	28	6	9	5 55	27	24
3 47 7	29	7	10	6 38	27	25
3 51 17	30	8	11	7 22	28	25

Sidereal Time	10 ♊	11 ♋	12 ♌	Ascen ♍	2 ♍	3 ♎
H. M. S.	°	°	°	° '	°	°
3 51 17	0	8	11	7 22	28	25
3 55 27	1	9	12	8 6	29	26
3 59 38	2	10	13	8 50	♎	27
4 3 49	3	11	13	9 34	1	28
4 8 1	4	12	14	10 18	2	29
4 12 14	5	13	15	11 2	2	♏
4 16 27	6	14	16	11 47	3	1
4 20 41	7	14	17	12 31	4	2
4 24 56	8	15	17	13 16	5	3
4 29 11	9	16	18	14 1	6	4
4 33 27	10	17	19	14 46	7	5
4 37 43	11	18	20	15 31	8	6
4 42 0	12	19	21	16 16	8	7
4 46 17	13	20	22	17 1	9	8
4 50 35	14	21	22	17 46	10	9
4 54 53	15	22	23	18 32	11	10
4 59 11	16	23	24	19 17	12	11
5 3 30	17	24	25	20 3	13	12
5 7 50	18	25	26	20 48	14	13
5 12 9	19	26	27	21 34	14	13
5 16 29	20	27	28	22 20	15	14
5 20 49	21	28	28	23 6	16	15
5 25 10	22	29	29	23 52	17	16
5 29 31	23	29	♍	24 38	18	17
5 33 52	24	♌	1	25 24	19	18
5 38 13	25	1	2	26 10	20	19
5 42 34	26	2	3	26 56	20	20
5 46 55	27	3	4	27 42	21	21
5 51 17	28	4	4	28 28	22	22
5 55 38	29	5	5	29 14	23	23
6 0 0	30	6	6	0♎ 0	24	24

Sidereal Time	10 ♋	11 ♌	12 ♍	Ascen ♎	2 ♎	3 ♏
H. M. S.	°	°	°	° '	°	°
6 0 0	0	6	6	0 0	24	24
6 4 22	1	7	7	0 46	25	25
6 8 43	2	8	8	1 32	26	26
6 13 5	3	9	9	2 18	26	27
6 17 26	4	10	10	3 4	27	28
6 21 47	5	11	10	3 50	28	29
6 26 8	6	12	11	4 36	29	♐
6 30 29	7	13	12	5 22	♏	1
6 34 50	8	14	13	6 8	1	1
6 39 11	9	15	14	6 54	2	2
6 43 31	10	16	15	7 40	2	3
6 47 51	11	17	16	8 26	3	4
6 52 10	12	17	16	9 12	4	5
6 56 30	13	18	17	9 57	5	6
7 0 49	14	19	18	10 43	6	7
7 5 7	15	20	19	11 28	7	8
7 9 25	16	21	20	12 14	8	9
7 13 43	17	22	21	12 59	8	10
7 18 0	18	23	22	13 44	9	11
7 22 17	19	24	22	14 29	10	12
7 26 33	20	25	23	15 14	11	13
7 30 49	21	26	24	15 59	12	14
7 35 4	22	27	25	16 44	13	15
7 39 19	23	28	26	17 29	13	16
7 43 33	24	29	27	18 13	14	16
7 47 46	25	♍	28	18 58	15	17
7 51 59	26	1	28	19 42	16	18
7 56 11	27	2	29	20 26	17	19
8 0 22	28	3	♎	21 10	17	20
8 4 33	29	4	1	21 54	18	21
8 8 43	30	5	2	22 38	19	22

Sidereal Time	10 ♌	11 ♍	12 ♎	Ascen ♎	2 ♏	3 ♐
H. M. S.	°	°	°	° '	°	°
8 8 43	0	5	2	22 38	19	22
8 12 53	1	5	3	23 22	20	23
8 17 2	2	6	3	24 5	21	24
8 21 10	3	7	4	24 49	21	25
8 25 17	4	8	5	25 32	22	26
8 29 24	5	9	6	26 15	23	27
8 33 30	6	10	7	26 58	24	28
8 37 35	7	11	8	27 41	25	29
8 41 40	8	12	8	28 24	25	29
8 45 44	9	13	9	29 7	26	♑
8 49 47	10	14	10	29 49	27	1
8 53 49	11	15	11	0♏31	28	2
8 57 51	12	16	12	1 13	29	3
9 1 52	13	17	12	1 56	29	4
9 5 52	14	18	13	2 37	♐	5
9 9 51	15	18	14	3 19	1	6
9 13 50	16	19	15	4 1	2	7
9 17 48	17	20	16	4 42	3	8
9 21 45	18	21	16	5 24	3	9
9 25 42	19	22	17	6 5	4	10
9 29 38	20	23	18	6 46	5	11
9 33 33	21	24	19	7 27	6	12
9 37 28	22	25	19	8 8	7	13
9 41 22	23	26	20	8 49	7	14
9 45 15	24	27	21	9 30	8	15
9 49 8	25	27	22	10 10	9	15
9 53 0	26	28	22	10 51	10	16
9 56 51	27	29	23	11 31	10	17
10 0 42	28	♎	24	12 12	11	18
10 4 32	29	1	25	12 52	12	19
10 8 21	30	2	26	13 32	13	20

Sidereal Time	10 ♍	11 ♎	12 ♎	Ascen ♏	2 ♐	3 ♑
H. M. S.	°	°	°	° '	°	°
10 8 21	0	2	26	13 32	13	20
10 12 10	1	3	26	14 12	14	21
10 15 59	2	4	27	14 52	14	22
10 19 47	3	5	28	15 32	15	23
10 23 34	4	5	29	16 12	16	24
10 27 21	5	6	29	16 52	17	25
10 31 7	6	7	♏	17 31	18	26
10 34 53	7	8	1	18 11	18	27
10 38 39	8	9	1	18 51	19	28
10 42 24	9	10	2	19 30	20	29
10 46 8	10	11	3	20 10	21	♒
10 49 52	11	11	4	20 49	21	1
10 53 36	12	12	4	21 29	22	2
10 57 19	13	13	5	22 8	23	3
11 1 2	14	14	6	22 48	24	4
11 4 45	15	15	7	23 27	25	5
11 8 28	16	16	7	24 7	26	6
11 12 10	17	17	8	24 47	26	7
11 15 52	18	17	9	25 26	27	8
11 19 33	19	18	9	26 6	28	9
11 23 15	20	19	10	26 45	29	11
11 26 56	21	20	11	27 25	♑	12
11 30 37	22	21	12	28 4	1	13
11 34 17	23	22	12	28 44	1	14
11 37 58	24	22	13	29 24	2	15
11 41 39	25	23	14	0♐ 4	3	16
11 45 19	26	24	15	0 44	4	17
11 48 59	27	25	15	1 24	5	18
11 52 40	28	26	16	2 4	6	19
11 56 20	29	27	17	2 44	7	20
12 0 0	30	27	17	3 24	8	21

TABLES OF HOUSES FOR LONDON, Latitude 51° 32' N.

Sidereal Time	10 ♎	11 ♎	12 ♏	Ascen ♐	2 ♑	3 ♒	Sidereal Time	10 ♏	11 ♏	12 ♐	Ascen ♐	2 ♒	3 ♓	Sidereal Time	10 ♐	11 ♐	12 ♑	Ascen ♑	2 ♓	3 ♉
H. M. S.	°	°	°	° '	°	°	H. M. S.	°	°	°	° '	°	°	H. M. S.	°	°	°	° '	°	°
12 0 0	0	27	17	3 24	8	21	13 51 39	0	22	9	25 24	10	27	15 51 17	0	18	5	27 23	26	6
12 3 40	1	28	18	4 5	8	22	13 55 28	1	23	10	26 14	11	28	15 55 27	1	19	6	28 50	28	7
12 7 20	2	29	19	4 45	9	24	13 59 18	2	24	11	27 5	12	♈	15 59 38	2	20	7	0♒19	♈	9
12 11 1	3	♏	20	5 26	10	25	14 3 9	3	25	12	27 56	13	1	16 3 49	3	21	8	1 50	2	10
12 14 41	4	1	20	6 7	11	26	14 7 0	4	25	13	28 48	15	2	16 8 1	4	22	10	3 24	3	11
12 18 21	5	2	21	6 48	12	27	14 10 52	5	26	13	29 41	16	4	16 12 14	5	23	11	5 0	5	12
12 22 2	6	2	22	7 29	13	28	14 14 45	6	27	14	0♑34	18	5	16 16 27	6	24	12	6 39	7	14
12 25 43	7	3	22	8 11	14	29	14 18 38	7	28	15	1 28	19	6	16 20 41	7	25	13	8 20	9	15
12 29 23	8	4	23	8 52	15	♓	14 22 32	8	29	16	2 23	20	7	16 24 56	8	26	14	10 4	11	16
12 33 4	9	5	24	9 34	16	2	14 26 27	9	♐	17	3 19	22	9	16 29 11	9	27	15	11 51	12	17
12 36 45	10	6	25	10 16	17	3	14 30 22	10	1	17	4 16	23	10	16 33 27	10	28	16	13 41	14	19
12 40 27	11	6	25	10 58	18	4	14 34 18	11	1	18	5 13	25	11	16 37 43	11	29	17	15 34	16	20
12 44 8	12	7	26	11 41	19	5	14 38 15	12	2	19	6 12	26	13	16 42 0	12	♑	18	17 30	18	21
12 47 50	13	8	27	12 23	20	6	14 42 12	13	3	20	7 11	28	14	16 46 17	13	1	20	19 28	20	22
12 51 32	14	9	27	13 6	21	7	14 46 10	14	4	21	8 12	29	15	16 50 35	14	1	21	21 30	21	23
12 55 15	15	10	28	13 50	22	9	14 50 9	15	5	22	9 13	♓	17	16 54 53	15	2	22	23 35	23	25
12 58 58	16	11	29	14 33	23	10	14 54 8	16	6	22	10 16	2	18	16 59 11	16	3	23	25 43	25	26
13 2 41	17	11	♐	15 17	24	11	14 58 8	17	7	23	11 20	4	19	17 3 30	17	4	24	27 54	27	27
13 6 24	18	12	0	16 1	25	12	15 2 9	18	7	24	12 25	6	21	17 7 50	18	6	26	0♓ 9	28	28
13 10 8	19	13	1	16 46	26	13	15 6 11	19	8	25	13 31	7	22	17 12 9	19	7	27	2 26	♉	29
13 13 52	20	14	2	17 31	28	15	15 10 13	20	9	26	14 39	9	23	17 16 29	20	8	28	4 46	2	♊
13 17 36	21	15	3	18 16	29	16	15 14 16	21	10	27	15 48	11	24	17 20 49	21	9	♒	7 8	3	2
13 21 21	22	16	3	19 2	♒	17	15 18 20	22	11	28	16 58	12	26	17 25 10	22	10	1	9 34	5	3
13 25 7	23	16	4	19 48	1	18	15 22 25	23	12	29	18 11	14	27	17 29 31	23	11	2	12 1	7	4
13 28 53	24	17	5	20 35	2	20	15 26 30	24	13	♑	19 24	16	28	17 33 52	24	12	4	14 31	8	5
13 32 39	25	18	6	21 21	3	21	15 30 36	25	14	1	20 39	17	♉	17 38 13	25	13	5	17 3	10	6
13 36 26	26	19	6	22 9	5	22	15 34 43	26	15	2	21 56	19	1	17 42 34	26	14	7	19 36	11	7
13 40 13	27	20	7	22 57	6	23	15 38 50	27	15	2	23 15	21	2	17 46 55	27	15	8	22 11	13	8
13 44 1	28	20	8	23 45	7	25	15 42 58	28	16	3	24 36	23	3	17 51 17	28	16	9	24 47	15	10
13 47 50	29	21	9	24 34	8	26	15 47 7	29	17	4	25 58	24	5	17 55 38	29	17	11	27 23	16	11
13 51 39	30	22	9	25 24	10	27	15 51 17	30	18	5	27 23	26	6	18 0 0	30	18	12	0♈ 0	18	12

Sidereal Time	10 ♑	11 ♑	12 ♒	Ascen ♈	2 ♉	3 ♊	Sidereal Time	10 ♒	11 ♒	12 ♈	Ascen ♊	2 ♊	3 ♋	Sidereal Time	10 ♓	11 ♈	12 ♉	Ascen ♋	2 ♋	3 ♌
H. M. S.	°	°	°	° '	°	°	H. M. S.	°	°	°	° '	°	°	H. M. S.	°	°	°	° '	°	°
18 0 0	0	18	12	0 0	18	12	20 8 43	0	24	4	2 37	25	12	22 8 21	0	3	20	4 36	21	8
18 4 22	1	19	14	2 37	19	13	20 12 53	1	25	6	4 2	26	13	22 12 10	1	4	22	5 26	21	9
18 8 43	2	20	15	5 13	21	14	20 17 2	2	27	7	5 24	27	14	22 15 59	2	5	23	6 15	22	10
18 13 5	3	22	17	7 49	22	15	20 21 10	3	28	9	6 45	28	15	22 19 47	3	7	24	7 3	23	10
18 17 26	4	23	19	10 24	23	16	20 25 17	4	29	11	8 4	28	15	22 23 34	4	8	25	7 51	24	11
18 21 47	5	24	20	12 57	25	17	20 29 24	5	♓	13	9 21	29	16	22 27 21	5	9	27	8 39	24	12
18 26 8	6	25	22	15 29	26	18	20 33 30	6	2	14	10 36	♋	17	22 31 7	6	10	28	9 25	25	13
18 30 29	7	26	23	17 59	28	19	20 37 35	7	3	16	11 49	1	18	22 34 53	7	12	29	10 12	26	14
18 34 50	8	27	25	20 26	29	20	20 41 40	8	4	18	13 2	2	19	22 38 39	8	13	♊	10 58	27	14
18 39 11	9	28	27	22 52	♊	21	20 45 44	9	6	19	14 12	3	20	22 42 24	9	14	1	11 44	27	15
18 43 31	10	29	28	25 14	2	22	20 49 47	10	7	21	15 21	4	21	22 46 8	10	15	2	12 29	28	16
18 47 51	11	♒	♓	27 34	3	23	20 53 49	11	8	23	16 29	5	22	22 49 52	11	17	4	13 14	29	17
18 52 10	12	2	2	29 51	4	24	20 57 51	12	9	24	17 35	6	23	22 53 36	12	18	5	13 59	♌	18
18 56 30	13	3	3	2♉ 6	6	26	21 1 52	13	11	26	18 40	7	23	22 57 19	13	19	6	14 43	0	19
19 0 49	14	4	5	4 17	7	27	21 5 52	14	12	28	19 44	8	24	23 1 2	14	20	7	15 27	1	19
19 5 7	15	5	7	6 25	8	28	21 9 51	15	13	29	20 47	8	25	23 4 45	15	21	8	16 10	2	20
19 9 25	16	7	9	8 30	9	29	21 13 50	16	15	♉	21 48	9	26	23 8 28	16	23	9	16 54	3	21
19 13 43	17	8	10	10 32	10	29	21 17 48	17	16	2	22 49	10	27	23 12 10	17	24	10	17 37	3	22
19 18 0	18	9	12	12 30	12	♋	21 21 45	18	17	4	23 48	11	28	23 15 52	18	25	11	18 19	4	23
19 22 17	19	10	14	14 26	13	1	21 25 42	19	19	5	24 47	12	29	23 19 33	19	26	12	19 2	5	24
19 26 33	20	11	16	16 19	14	2	21 29 38	20	20	7	25 44	13	29	23 23 15	20	27	13	19 44	5	24
19 30 49	21	13	18	18 9	15	3	21 33 33	21	21	8	26 41	13	♌	23 26 56	21	28	14	20 26	6	25
19 35 4	22	14	19	19 56	16	4	21 37 28	22	23	10	27 37	14	1	23 30 37	22	♉	15	21 8	7	26
19 39 19	23	15	21	21 40	17	5	21 41 22	23	24	11	28 32	15	2	23 34 17	23	1	16	21 49	8	27
19 43 33	24	16	23	23 21	18	6	21 45 15	24	25	12	29 26	16	3	23 37 58	24	2	17	22 31	8	28
19 47 46	25	18	25	25 0	19	7	21 49 8	25	26	14	0♋19	17	4	23 41 39	25	3	18	23 12	9	28
19 51 59	26	19	27	26 36	20	8	21 53 0	26	28	15	1 12	17	5	23 45 19	26	4	19	23 53	10	29
19 56 11	27	20	28	28 10	22	9	21 56 51	27	29	17	2 4	18	5	23 48 59	27	5	20	24 34	10	♍
20 0 22	28	21	♈	29 41	23	10	22 0 42	28	♈	18	2 55	19	6	23 52 40	28	6	21	25 15	11	1
20 4 33	29	23	2	1♊10	24	11	22 4 32	29	2	19	3 46	20	7	23 56 20	29	8	22	25 55	12	2
20 8 43	30	24	4	2 37	25	12	22 8 21	30	3	20	4 36	21	8	24 0 0	30	9	22	26 36	13	3

Sidereal Time	10 ♈	11 ♉	12 ♊	Ascen ♋	2 ♌	3 ♍
H. M. S.	°	°	°	° '	°	°
0 0 0	0	9	24	28 11	14	3
0 3 40	1	10	25	28 50	14	4
0 7 20	2	11	26	29 29	15	4
0 11 1	3	13	27	0♌ 8	16	5
0 14 41	4	14	28	0 47	16	6
0 18 21	5	15	29	1 26	17	7
0 22 2	6	16	29	2 5	18	8
0 25 43	7	17	♋	2 44	18	9
0 29 23	8	18	1	3 22	19	9
0 33 4	9	19	2	4 1	20	10
0 36 45	10	20	3	4 39	21	11
0 40 27	11	21	4	5 18	21	12
0 44 8	12	22	4	5 56	22	13
0 47 50	13	23	5	6 35	23	14
0 51 32	14	24	6	7 13	23	14
0 55 15	15	25	7	7 52	24	15
0 58 58	16	26	8	8 30	25	16
1 2 41	17	28	8	9 9	26	17
1 6 24	18	29	9	9 47	26	18
1 10 8	19	♊	10	10 26	27	19
1 13 52	20	1	11	11 4	28	19
1 17 36	21	2	12	11 43	28	20
1 21 21	22	3	12	12 21	29	21
1 25 7	23	4	13	13 0	♍	22
1 28 53	24	5	14	13 39	1	23
1 32 39	25	6	15	14 17	1	24
1 36 26	26	7	15	14 56	2	25
1 40 13	27	8	16	15 35	3	25
1 44 1	28	9	17	16 14	3	26
1 47 50	29	10	18	16 53	4	27
1 51 39	30	11	19	17 32	5	28

Sidereal Time	10 ♉	11 ♊	12 ♋	Ascen ♌	2 ♍	3 ♍
H. M. S.	°	°	°	° '	°	°
1 51 39	0	11	19	17 32	5	28
1 55 28	1	11	19	18 11	6	29
1 59 18	2	12	20	18 50	6	♎
2 3 9	3	13	21	19 29	7	1
2 7 0	4	14	22	20 9	8	2
2 10 52	5	15	22	20 48	9	2
2 14 45	6	16	23	21 28	9	3
2 18 38	7	17	24	22 8	10	4
2 22 32	8	18	25	22 47	11	5
2 26 27	9	19	25	23 27	12	6
2 30 22	10	20	26	24 7	12	7
2 34 18	11	21	27	24 48	13	8
2 38 15	12	22	28	25 28	14	9
2 42 12	13	23	29	26 8	15	10
2 46 10	14	24	29	26 49	16	11
2 50 9	15	25	♌	27 29	16	11
2 54 8	16	26	1	28 10	17	12
2 58 8	17	27	2	28 51	18	13
3 2 9	18	28	2	29 32	19	14
3 6 11	19	29	3	0♍13	19	15
3 10 13	20	♋	4	0 54	20	16
3 14 16	21	0	5	1 36	21	17
3 18 20	22	1	6	2 17	22	18
3 22 25	23	2	6	2 59	23	19
3 26 30	24	3	7	3 41	23	20
3 30 36	25	4	8	4 23	24	21
3 34 43	26	5	9	5 5	25	21
3 38 50	27	6	9	5 47	26	22
3 42 58	28	7	10	6 30	27	23
3 47 7	29	8	11	7 12	27	24
3 51 17	30	9	12	7 55	28	25

Sidereal Time	10 ♊	11 ♋	12 ♌	Ascen ♍	2 ♍	3 ♎
H. M. S.	°	°	°	° '	°	°
3 51 17	0	9	12	7 55	28	25
3 55 27	1	10	13	8 38	29	26
3 59 38	2	11	13	9 20	♎	27
4 3 49	3	12	14	10 3	1	28
4 8 1	4	12	15	10 46	2	29
4 12 14	5	13	16	11 30	2	♏
4 16 27	6	14	17	12 13	3	1
4 20 41	7	15	17	12 57	4	2
4 24 56	8	16	18	13 40	5	3
4 29 11	9	17	19	14 24	6	4
4 33 27	10	18	20	15 8	7	5
4 37 43	11	19	21	15 52	7	6
4 42 0	12	20	22	16 36	8	6
4 46 17	13	21	22	17 20	9	7
4 50 35	14	22	23	18 4	10	8
4 54 53	15	23	24	18 48	11	9
4 59 11	16	24	25	19 33	12	10
5 3 30	17	24	26	20 17	12	11
5 7 50	18	25	26	21 2	13	12
5 12 9	19	26	27	21 46	14	13
5 16 29	20	27	28	22 31	15	14
5 20 49	21	28	29	23 16	16	15
5 25 10	22	29	♍	24 1	17	16
5 29 31	23	♌	1	24 45	18	17
5 33 52	24	1	2	25 30	18	18
5 38 13	25	2	2	26 15	19	19
5 42 34	26	3	3	27 0	20	20
5 46 55	27	4	4	27 45	21	21
5 51 17	28	5	5	28 30	22	22
5 55 38	29	6	6	29 15	23	22
6 0 0	30	7	7	0♎ 0	23	23

Sidereal Time	10 ♋	11 ♌	12 ♍	Ascen ♎	2 ♎	3 ♏
H. M. S.	°	°	°	° '	°	°
6 0 0	0	7	7	0 0	23	23
6 4 22	1	8	7	0 45	24	24
6 8 43	2	8	8	1 30	25	25
6 13 5	3	9	9	2 15	26	26
6 17 26	4	10	10	3 0	27	27
6 21 47	5	11	11	3 45	28	28
6 26 8	6	12	12	4 30	28	29
6 30 29	7	13	12	5 15	29	♐
6 34 50	8	14	13	5 59	♏	1
6 39 11	9	15	14	6 44	1	2
6 43 31	10	16	15	7 29	2	3
6 47 51	11	17	16	8 14	3	4
6 52 10	12	18	17	8 58	4	5
6 56 30	13	19	18	9 43	4	6
7 0 49	14	20	18	10 27	5	6
7 5 7	15	21	19	11 12	6	7
7 9 25	16	22	20	11 56	7	8
7 13 43	17	23	21	12 40	8	9
7 18 0	18	24	22	13 24	8	10
7 22 17	19	24	23	14 8	9	11
7 26 33	20	25	23	14 52	10	12
7 30 49	21	26	24	15 36	11	13
7 35 4	22	27	25	16 20	12	14
7 39 19	23	28	26	17 3	13	15
7 43 33	24	29	27	17 47	13	16
7 47 46	25	♍	28	18 30	14	17
7 51 59	26	1	28	19 14	15	18
7 56 11	27	2	29	19 57	16	18
8 0 22	28	3	♎	20 40	17	19
8 4 33	29	4	1	21 22	17	20
8 8 43	30	5	2	22 5	18	21

Sidereal Time	10 ♌	11 ♍	12 ♎	Ascen ♎	2 ♏	3 ♐
H. M. S.	°	°	°	° '	°	°
8 8 43	0	5	2	22 5	18	21
8 12 53	1	6	3	22 48	19	22
8 17 2	2	7	3	23 30	20	23
8 21 10	3	8	4	24 13	21	24
8 25 17	4	9	5	24 55	21	25
8 29 24	5	9	6	25 37	22	26
8 33 30	6	10	7	26 19	23	27
8 37 35	7	11	7	27 1	24	28
8 41 40	8	12	8	27 43	24	29
8 45 44	9	13	9	28 24	25	♑
8 49 47	10	14	10	29 6	26	0
8 53 49	11	15	11	29 47	27	1
8 57 51	12	16	11	0♏28	28	2
9 1 52	13	17	12	1 9	28	3
9 5 52	14	18	13	1 50	29	4
9 9 51	15	19	14	2 31	♐	5
9 13 50	16	19	14	3 11	1	6
9 17 48	17	20	15	3 52	1	7
9 21 45	18	21	16	4 32	2	8
9 25 42	19	22	17	5 12	3	9
9 29 38	20	23	18	5 53	4	10
9 33 33	21	24	18	6 33	5	11
9 37 28	22	25	19	7 13	5	12
9 41 22	23	26	20	7 52	6	13
9 45 15	24	27	21	8 32	7	14
9 49 8	25	28	21	9 12	8	15
9 53 0	26	28	22	9 51	8	16
9 56 51	27	29	23	10 31	9	17
10 0 42	28	♎	24	11 10	10	18
10 4 32	29	1	24	11 49	11	19
10 8 21	30	2	25	12 28	11	19

Sidereal Time	10 ♍	11 ♎	12 ♎	Ascen ♏	2 ♐	3 ♑
H. M. S.	°	°	°	° '	°	°
10 8 21	0	2	25	12 28	11	19
10 12 10	1	3	26	13 7	12	20
10 15 59	2	4	27	13 46	13	21
10 19 47	3	5	27	14 25	14	22
10 23 34	4	5	28	15 4	15	23
10 27 21	5	6	29	15 43	15	24
10 31 7	6	7	29	16 21	16	25
10 34 53	7	8	♏	17 0	17	26
10 38 39	8	9	1	17 39	18	27
10 42 24	9	10	2	18 17	18	28
10 46 8	10	11	2	18 56	19	29
10 49 52	11	11	3	19 34	20	♒
10 53 36	12	12	4	20 13	21	1
10 57 19	13	13	4	20 51	22	2
11 1 2	14	14	5	21 30	22	4
11 4 45	15	15	6	22 8	23	5
11 8 28	16	16	7	22 47	24	6
11 12 10	17	16	7	23 25	25	7
11 15 52	18	17	8	24 4	26	8
11 19 33	19	18	9	24 42	26	9
11 23 15	20	19	9	25 21	27	10
11 26 56	21	20	10	25 59	28	11
11 30 37	22	21	11	26 38	29	12
11 34 17	23	21	12	27 16	♑	13
11 37 58	24	22	12	27 55	1	14
11 41 39	25	23	13	28 34	1	15
11 45 19	26	24	14	29 13	2	16
11 48 59	27	25	14	29 52	3	17
11 52 40	28	26	15	0♐31	4	19
11 56 20	29	26	16	1 10	5	20
12 0 0	30	27	16	1 49	6	21

TABLES OF HOUSES FOR LIVERPOOL, Latitude 53° 25' N.

Sidereal Time			10 ♎	11 ♎	12 ♏	Ascen ♐		2 ♑	3 ♒
H.	M.	S.	°	°	°	°	'	°	°
12	0	0	0	27	16	1	49	6	21
12	3	40	1	28	17	2	28	7	22
12	7	20	2	29	18	3	7	8	23
12	11	1	3	♏	19	3	47	9	24
12	14	41	4	0	19	4	27	9	25
12	18	21	5	1	20	5	7	10	26
12	22	2	6	2	21	5	47	11	28
12	25	43	7	3	21	6	27	12	29
12	29	23	8	4	22	7	7	13	♓
12	33	4	9	4	23	7	48	14	1
12	36	45	10	5	24	8	28	15	2
12	40	27	11	6	24	9	9	16	4
12	44	8	12	7	25	9	51	17	5
12	47	50	13	8	26	10	32	18	6
12	51	32	14	9	26	11	14	19	7
12	55	15	15	9	27	11	56	20	8
12	58	58	16	10	28	12	38	21	10
13	2	41	17	11	29	13	21	22	11
13	6	24	18	12	29	14	3	24	12
13	10	8	19	13	♐	14	47	25	13
13	13	52	20	13	1	15	30	26	14
13	17	36	21	14	1	16	14	27	16
13	21	21	22	15	2	16	58	28	17
13	25	7	23	16	3	17	43	29	18
13	28	53	24	17	4	18	28	♒	19
13	32	39	25	17	4	19	13	2	21
13	36	26	26	18	5	19	59	3	22
13	40	13	27	19	6	20	46	4	23
13	44	1	28	20	7	21	33	5	25
13	47	50	29	21	7	22	20	7	26
13	51	39	30	22	8	23	8	8	27

Sidereal Time			10 ♏	11 ♏	12 ♐	Ascen ♐		2 ♒	3 ♓
H.	M.	S.	°	°	°	°	'	°	°
13	51	39	0	22	8	23	8	8	27
13	55	28	1	22	9	23	56	9	28
13	59	18	2	23	10	24	46	11	♈
14	3	9	3	24	10	25	35	12	1
14	7	0	4	25	11	26	26	13	2
14	10	52	5	26	12	27	17	15	4
14	14	45	6	27	13	28	9	16	5
14	18	38	7	27	14	29	1	17	6
14	22	32	8	28	14	29	54	19	8
14	26	27	9	29	15	0♑	48	20	9
14	30	22	10	♐	16	1	43	22	10
14	34	18	11	1	17	2	39	23	12
14	38	15	12	2	18	3	36	25	13
14	42	12	13	2	18	4	34	27	14
14	46	10	14	3	19	5	32	28	16
14	50	9	15	4	20	6	32	♓	17
14	54	8	16	5	21	7	33	1	18
14	58	8	17	6	22	8	35	3	20
15	2	9	18	7	23	9	38	5	21
15	6	11	19	8	24	10	43	6	22
15	10	13	20	8	24	11	49	8	23
15	14	16	21	9	25	12	56	10	25
15	18	20	22	10	26	14	5	12	26
15	22	25	23	11	27	15	15	13	27
15	26	30	24	12	28	16	27	15	29
15	30	36	25	13	29	17	41	17	♉
15	34	43	26	14	♑	18	57	19	1
15	38	50	27	15	1	20	14	21	3
15	42	58	28	16	2	21	34	22	4
15	47	7	29	16	3	22	55	24	5
15	51	17	30	17	4	24	19	26	7

Sidereal Time			10 ♐	11 ♐	12 ♑	Ascen ♑		2 ♓	3 ♉
H.	M.	S.	°	°	°	°	'	°	°
15	51	17	0	17	4	24	19	26	7
15	55	27	1	18	5	25	45	28	8
15	59	38	2	19	6	27	13	♈	9
16	3	49	3	20	7	28	44	2	10
16	8	1	4	21	8	0♒	18	4	12
16	12	14	5	22	9	1	54	5	13
16	16	27	6	23	10	3	33	7	14
16	20	41	7	24	11	5	15	9	15
16	24	56	8	25	12	7	1	11	17
16	29	11	9	26	13	8	49	13	18
16	33	27	10	27	14	10	41	15	19
16	37	43	11	28	15	12	36	17	20
16	42	0	12	29	17	14	35	19	22
16	46	17	13	♑	18	16	37	20	23
16	50	35	14	1	19	18	44	22	24
16	54	53	15	2	20	20	53	24	25
16	59	11	16	3	21	23	7	26	27
17	3	30	17	4	23	25	24	28	28
17	7	50	18	5	24	27	46	29	29
17	12	9	19	6	25	0♓	11	♉	♊
17	16	29	20	7	27	2	40	3	1
17	20	49	21	8	28	5	12	5	2
17	25	10	22	9	29	7	48	6	4
17	29	31	23	10	♒	10	27	8	5
17	33	52	24	11	2	13	9	10	6
17	38	13	25	12	3	15	53	11	7
17	42	34	26	13	5	18	40	13	8
17	46	55	27	14	6	21	28	15	9
17	51	17	28	15	8	24	18	16	10
17	55	38	29	16	9	27	8	18	12
18	0	0	30	17	11	0♈	0	19	13

Sidereal Time			10 ♑	11 ♑	12 ♒	Ascen ♈		2 ♉	3 ♊
H.	M.	S.	°	°	°	°	'	°	°
18	0	0	0	17	11	0	0	19	13
18	4	22	1	18	12	2	52	21	14
18	8	43	2	20	14	5	42	22	15
18	13	5	3	21	15	8	32	24	16
18	17	26	4	22	17	11	20	25	17
18	21	47	5	23	19	14	7	27	18
18	26	8	6	24	20	16	51	28	19
18	30	29	7	25	22	19	33	29	20
18	34	50	8	26	24	22	12	♊	21
18	39	11	9	28	25	24	48	2	22
18	43	31	10	29	27	27	20	3	23
18	47	51	11	♒	29	29	49	5	24
18	52	10	12	1	♓	2♉	14	6	25
18	56	30	13	2	2	4	36	7	26
19	0	49	14	3	4	6	53	9	27
19	5	7	15	5	6	9	7	10	28
19	9	25	16	6	8	11	16	11	29
19	13	43	17	7	10	13	23	12	♋
19	18	0	18	8	11	15	25	13	1
19	22	17	19	10	13	17	24	15	2
19	26	33	20	11	15	19	19	16	3
19	30	49	21	12	17	21	11	17	4
19	35	4	22	13	19	22	59	18	5
19	39	19	23	15	21	24	45	19	6
19	43	33	24	16	23	26	27	20	7
19	47	46	25	17	25	28	6	21	8
19	51	59	26	18	26	29	42	22	9
19	56	11	27	20	28	1♊	16	23	10
20	0	22	28	21	♈	2	47	24	11
20	4	33	29	22	2	4	15	25	12
20	8	43	30	23	4	5	41	26	13

Sidereal Time			10 ♒	11 ♒	12 ♈	Ascen ♊		2 ♊	3 ♋
H.	M.	S.	°	°	°	°	'	°	°
20	8	43	0	23	4	5	41	26	13
20	12	53	1	25	6	7	5	27	14
20	17	2	2	26	8	8	26	28	14
20	21	10	3	27	9	9	46	29	15
20	25	17	4	29	11	11	3	♋	16
20	29	24	5	♓	13	12	19	1	17
20	33	30	6	1	15	13	33	2	18
20	37	35	7	3	17	14	45	3	19
20	41	40	8	4	18	15	55	4	20
20	45	44	9	5	20	17	4	5	21
20	49	47	10	7	22	18	11	6	22
20	53	49	11	8	24	19	17	6	22
20	57	51	12	9	25	20	22	7	23
21	1	52	13	11	27	21	25	8	24
21	5	52	14	12	29	22	27	9	25
21	9	51	15	13	♉	23	28	10	26
21	13	50	16	14	2	24	28	11	27
21	17	48	17	16	3	25	27	12	28
21	21	45	18	17	5	26	24	12	28
21	25	42	19	18	7	27	21	13	29
21	29	38	20	20	8	28	17	14	♌
21	33	33	21	21	10	29	12	15	1
21	37	28	22	22	11	0♋	6	16	2
21	41	22	23	24	13	0	59	16	3
21	45	15	24	25	14	1	52	17	3
21	49	8	25	26	15	2	43	18	4
21	53	0	26	28	17	3	34	19	5
21	56	51	27	29	18	4	25	20	6
22	0	42	28	♈	19	5	14	20	7
22	4	32	29	2	21	6	4	21	8
22	8	21	30	3	22	6	52	22	8

Sidereal Time			10 ♓	11 ♈	12 ♉	Ascen ♋		2 ♋	3 ♌
H.	M.	S.	°	°	°	°	'	°	°
22	8	21	0	3	22	6	52	22	8
22	12	10	1	4	23	7	40	23	9
22	15	59	2	5	25	8	27	23	10
22	19	47	3	7	26	9	14	24	11
22	23	34	4	8	27	10	1	25	12
22	27	21	5	9	28	10	47	26	13
22	31	7	6	11	♊	11	32	26	13
22	34	53	7	12	1	12	17	27	14
22	38	39	8	13	2	13	2	28	15
22	42	24	9	14	3	13	46	29	16
22	46	8	10	16	4	14	30	29	17
22	49	52	11	17	5	15	13	♌	17
22	53	36	12	18	6	15	57	1	18
22	57	19	13	19	8	16	39	1	19
23	1	2	14	20	9	17	22	2	20
23	4	45	15	22	10	18	4	3	21
23	8	28	16	23	11	18	46	4	21
23	12	10	17	24	12	19	28	4	22
23	15	52	18	25	13	20	9	5	23
23	19	33	19	26	14	20	51	6	24
23	23	15	20	28	15	21	32	6	25
23	26	56	21	29	16	22	12	7	26
23	30	37	22	♉	17	22	53	8	26
23	34	17	23	1	18	23	33	9	27
23	37	58	24	2	19	24	13	9	28
23	41	39	25	4	20	24	53	10	29
23	45	19	26	5	21	25	33	11	♍
23	48	59	27	6	21	26	13	11	0
23	52	40	28	7	22	26	53	12	1
23	56	20	29	8	23	27	32	13	2
24	0	0	30	9	24	28	11	14	3

Sidereal Time	10 ♈	11 ♉	12 ♊	Ascen ♋	2 ♌	3 ♍
H. M. S.	°	°	°	° '	°	°
0 0 0	0	6	15	18 54	8	1
0 3 40	1	7	16	19 39	9	2
0 7 20	2	8	17	20 24	10	3
0 11 1	3	9	18	21 9	11	4
0 14 41	4	11	19	21 54	12	5
0 18 21	5	12	20	22 38	12	6
0 22 2	6	13	21	23 23	13	6
0 25 43	7	14	22	24 8	14	7
0 29 23	8	15	22	24 52	15	8
0 33 4	9	16	23	25 36	15	9
0 36 45	10	17	24	26 21	16	10
0 40 27	11	18	25	27 5	17	11
0 44 8	12	19	26	27 49	18	12
0 47 50	13	20	27	28 33	19	13
0 51 32	14	21	28	29 18	19	13
0 55 15	15	22	29	0♌ 2	20	14
0 58 58	16	23	29	0 46	21	15
1 2 41	17	24	♋	1 30	22	16
1 6 24	18	25	1	2 14	23	17
1 10 8	19	26	2	2 59	23	18
1 13 52	20	27	3	3 43	24	19
1 17 36	21	28	4	4 27	25	20
1 21 21	22	29	4	5 11	26	21
1 25 7	23	♊	5	5 56	26	22
1 28 53	24	1	6	6 40	27	22
1 32 39	25	2	7	7 25	28	23
1 36 26	26	2	8	8 9	29	24
1 40 13	27	3	9	8 54	♍	25
1 44 1	28	4	10	9 38	1	26
1 47 50	29	5	10	10 23	1	27
1 51 39	30	6	11	11 8	2	28

Sidereal Time	10 ♉	11 ♊	12 ♋	Ascen ♌	2 ♍	3 ♍
H. M. S.	°	°	°	° '	°	°
1 51 39	0	6	11	11 8	2	28
1 55 28	1	7	12	11 53	3	29
1 59 18	2	8	13	12 38	4	♎
2 3 9	3	9	14	13 23	5	1
2 7 0	4	10	15	14 8	5	2
2 10 52	5	11	15	14 54	6	3
2 14 45	6	12	16	15 39	7	4
2 18 38	7	13	17	16 25	8	5
2 22 32	8	14	18	17 10	9	5
2 26 27	9	15	19	17 56	10	6
2 30 22	10	16	20	18 42	11	7
2 34 18	11	17	20	19 28	11	8
2 38 15	12	18	21	20 15	12	9
2 42 12	13	19	22	21 1	13	10
2 46 10	14	20	23	21 47	14	11
2 50 9	15	21	24	22 34	15	12
2 54 8	16	21	25	23 21	16	13
2 58 8	17	22	25	24 8	17	14
3 2 9	18	23	26	24 55	17	15
3 6 11	19	24	27	25 42	18	16
3 10 13	20	25	28	26 30	19	17
3 14 16	21	26	29	27 17	20	18
3 18 20	22	27	♌	28 5	21	19
3 22 25	23	28	1	28 53	22	20
3 26 30	24	29	1	29 41	23	21
3 30 36	25	♋	2	0♍29	24	22
3 34 43	26	1	3	1 18	24	23
3 38 50	27	2	4	2 6	25	24
3 42 58	28	3	5	2 55	26	25
3 47 7	29	4	6	3 44	27	26
3 51 17	30	5	7	4 33	28	27

Sidereal Time	10 ♊	11 ♋	12 ♌	Ascen ♍	2 ♍	3 ♎
H. M. S.	°	°	°	° '	°	°
3 51 17	0	5	7	4 33	28	27
3 55 27	1	6	8	5 22	29	28
3 59 38	2	7	8	6 11	♎	29
4 3 49	3	8	9	7 1	1	♏
4 8 1	4	8	10	7 50	2	1
4 12 14	5	9	11	8 40	3	2
4 16 27	6	10	12	9 30	4	3
4 20 41	7	11	13	10 20	5	4
4 24 56	8	12	14	11 10	5	5
4 29 11	9	13	15	12 1	6	6
4 33 27	10	14	16	12 51	7	7
4 37 43	11	15	16	13 42	8	8
4 42 0	12	16	17	14 33	9	9
4 46 17	13	17	18	15 23	10	10
4 50 35	14	18	19	16 14	11	11
4 54 53	15	19	20	17 5	12	12
4 59 11	16	20	21	17 57	13	13
5 3 30	17	21	22	18 48	14	14
5 7 50	18	22	23	19 39	15	15
5 12 9	19	23	24	20 31	16	16
5 16 29	20	24	25	21 22	17	17
5 20 49	21	25	26	22 14	18	18
5 25 10	22	26	27	23 5	19	19
5 29 31	23	27	27	23 57	19	20
5 33 52	24	28	28	24 49	20	21
5 38 13	25	29	29	25 41	21	22
5 42 34	26	♌	♍	26 32	22	23
5 46 55	27	1	1	27 24	23	23
5 51 17	28	2	2	28 16	24	24
5 55 38	29	3	3	29 8	25	25
6 0 0	30	4	4	0♎ 0	26	26

Sidereal Time	10 ♋	11 ♌	12 ♍	Ascen ♎	2 ♎	3 ♏
H. M. S.	°	°	°	° '	°	°
6 0 0	0	4	4	0 0	26	26
6 4 22	1	5	5	0 52	27	27
6 8 43	2	6	6	1 44	28	28
6 13 5	3	7	7	2 36	29	29
6 17 26	4	7	8	3 28	♏	♐
6 21 47	5	8	9	4 19	1	1
6 26 8	6	9	10	5 11	2	2
6 30 29	7	10	11	6 3	3	3
6 34 50	8	11	11	6 55	3	4
6 39 11	9	12	12	7 46	4	5
6 43 31	10	13	13	8 38	5	6
6 47 51	11	14	14	9 29	6	7
6 52 10	12	15	15	10 21	7	8
6 56 30	13	16	16	11 12	8	9
7 0 49	14	17	17	12 4	9	10
7 5 7	15	18	18	12 55	10	11
7 9 25	16	19	19	13 46	11	12
7 13 43	17	20	20	14 37	12	13
7 18 0	18	21	21	15 27	13	14
7 22 17	19	22	22	16 18	14	15
7 26 33	20	23	23	17 9	14	16
7 30 49	21	24	24	17 59	15	17
7 35 4	22	25	25	18 50	16	18
7 39 19	23	26	25	19 40	17	19
7 43 33	24	27	26	20 30	18	20
7 47 46	25	28	27	21 20	19	21
7 51 59	26	29	28	22 10	20	22
7 56 11	27	♍	29	22 59	21	22
8 0 22	28	1	♎	23 49	22	23
8 4 33	29	2	1	24 38	22	24
8 8 43	30	3	2	25 27	23	25

Sidereal Time	10 ♌	11 ♍	12 ♎	Ascen ♎	2 ♏	3 ♐
H. M. S.	°	°	°	° '	°	°
8 8 43	0	3	2	25 27	23	25
8 12 53	1	4	3	26 16	24	26
8 17 2	2	5	4	27 5	25	27
8 21 10	3	6	5	27 54	26	28
8 25 17	4	7	6	28 42	27	29
8 29 24	5	8	6	29 31	28	♑
8 33 30	6	9	7	0♏19	29	1
8 37 35	7	10	8	1 7	29	2
8 41 40	8	11	9	1 55	♐	3
8 45 44	9	12	10	2 43	1	4
8 49 47	10	13	11	3 30	2	5
8 53 49	11	14	12	4 18	3	6
8 57 51	12	15	13	5 5	4	7
9 1 52	13	16	13	5 52	5	8
9 5 52	14	17	14	6 39	5	9
9 9 51	15	18	15	7 26	6	9
9 13 50	16	19	16	8 13	7	10
9 17 48	17	20	17	8 59	8	11
9 21 45	18	21	18	9 45	9	12
9 25 42	19	22	19	10 32	10	13
9 29 38	20	23	19	11 18	10	14
9 33 33	21	24	20	12 4	11	15
9 37 28	22	25	21	12 50	12	16
9 41 22	23	25	22	13 35	13	17
9 45 15	24	26	23	14 21	14	18
9 49 8	25	27	24	15 6	15	19
9 53 0	26	28	25	15 52	15	20
9 56 51	27	29	25	16 37	16	21
10 0 42	28	♎	26	17 22	17	22
10 4 32	29	1	27	18 7	18	23
10 8 21	30	2	28	18 52	19	24

Sidereal Time	10 ♍	11 ♎	12 ♎	Ascen ♏	2 ♐	3 ♑
H. M. S.	°	°	°	° '	°	°
10 8 21	0	2	28	18 52	19	24
10 12 10	1	3	29	19 37	20	25
10 15 59	2	4	29	20 22	20	26
10 19 47	3	5	♏	21 6	21	27
10 23 34	4	6	1	21 51	22	28
10 27 21	5	7	2	22 35	23	28
10 31 7	6	8	3	23 20	24	29
10 34 53	7	8	4	24 4	25	♒
10 38 39	8	9	4	24 49	26	1
10 42 24	9	10	5	25 33	26	2
10 46 8	10	11	6	26 17	27	3
10 49 52	11	12	7	27 1	28	4
10 53 36	12	13	7	27 46	29	5
10 57 19	13	14	8	28 30	♑	6
11 1 2	14	15	9	29 14	1	7
11 4 45	15	16	10	29 58	1	8
11 8 28	16	17	11	0♐42	2	9
11 12 10	17	17	11	1 27	3	10
11 15 52	18	18	12	2 11	4	11
11 19 33	19	19	13	2 55	5	12
11 23 15	20	20	14	3 39	6	13
11 26 56	21	21	15	4 24	7	14
11 30 37	22	22	15	5 8	8	15
11 34 17	23	23	16	5 52	8	16
11 37 58	24	24	17	6 37	9	17
11 41 39	25	24	18	7 22	10	18
11 45 19	26	25	18	8 6	11	19
11 48 59	27	26	19	8 51	12	21
11 52 40	28	27	20	9 36	13	22
11 56 20	29	28	21	10 21	14	23
12 0 0	30	29	22	11 6	15	24

Sidereal Time	10 ♎	11 ♎	12 ♏	Ascen ♐	2 ♑	3 ♒
H. M. S.	°	°	°	° '	°	°
12 0 0	0	29	22	11 6	15	24
12 3 40	1	♏	22	11 51	16	25
12 7 20	2	1	23	12 37	17	26
12 11 1	3	1	24	13 23	18	27
12 14 41	4	2	25	14 8	18	28
12 18 21	5	3	25	14 54	19	29
12 22 2	6	4	26	15 40	20	♓
12 25 43	7	5	27	16 27	21	1
12 29 23	8	6	28	17 13	22	2
12 33 4	9	7	28	18 0	23	3
12 36 45	10	7	29	18 47	24	4
12 40 27	11	8	♐	19 34	25	6
12 44 8	12	9	1	20 22	26	7
12 47 50	13	10	2	21 9	27	8
12 51 32	14	11	2	21 57	28	9
12 55 15	15	12	3	22 46	29	10
12 58 58	16	13	4	23 35	♒	11
13 2 41	17	13	5	24 24	1	12
13 6 24	18	14	6	25 13	2	13
13 10 8	19	15	6	26 3	3	15
13 13 52	20	16	7	26 53	5	16
13 17 36	21	17	8	27 43	6	17
13 21 21	22	18	9	28 34	7	18
13 25 7	23	19	9	29 26	8	19
13 28 53	24	19	10	0♑17	9	20
13 32 39	25	20	11	1 9	10	22
13 36 26	26	21	12	2 2	11	23
13 40 13	27	22	13	2 55	12	24
13 44 1	28	23	14	3 49	14	25
13 47 50	29	24	14	4 43	15	26
13 51 39	30	25	15	5 38	16	27

Sidereal Time	10 ♏	11 ♏	12 ♐	Ascen ♑	2 ♒	3 ♓
H. M. S.	°	°	°	° '	°	°
13 51 39	0	25	15	5 38	16	27
13 55 28	1	25	16	6 33	17	29
13 59 18	2	26	17	7 29	18	♈
14 3 9	3	27	18	8 26	20	1
14 7 0	4	28	19	9 23	21	2
14 10 52	5	29	19	10 21	22	3
14 14 45	6	♐	20	11 19	23	5
14 18 38	7	1	21	12 18	25	6
14 22 32	8	2	22	13 18	26	7
14 26 27	9	2	23	14 19	27	8
14 30 22	10	3	24	15 20	28	9
14 34 18	11	4	25	16 23	♓	11
14 38 15	12	5	25	17 26	1	12
14 42 12	13	6	26	18 30	2	13
14 46 10	14	7	27	19 34	4	14
14 50 9	15	8	28	20 40	5	16
14 54 8	16	9	29	21 47	6	17
14 58 8	17	9	♑	22 54	8	18
15 2 9	18	10	1	24 3	9	19
15 6 11	19	11	2	25 12	11	20
15 10 13	20	12	3	26 23	12	22
15 14 16	21	13	4	27 34	14	23
15 18 20	22	14	5	28 47	15	24
15 22 25	23	15	6	0♒ 1	16	25
15 26 30	24	16	7	1 16	18	27
15 30 36	25	17	8	2 32	19	28
15 34 43	26	18	9	3 50	21	29
15 38 50	27	19	10	5 8	22	♉
15 42 58	28	20	11	6 28	24	1
15 47 7	29	20	12	7 49	25	3
15 51 17	30	21	13	9 12	27	4

Sidereal Time	10 ♐	11 ♐	12 ♑	Ascen ♒	2 ♓	3 ♉
H. M. S.	°	°	°	° '	°	°
15 51 17	0	21	13	9 12	27	4
15 55 27	1	22	14	10 35	28	5
15 59 38	2	23	15	12 0	♈	6
16 3 49	3	24	16	13 26	1	7
16 8 1	4	25	17	14 54	3	9
16 12 14	5	26	18	16 23	4	10
16 16 27	6	27	19	17 54	6	11
16 20 41	7	28	20	19 26	7	12
16 24 56	8	29	21	20 59	9	13
16 29 11	9	♑	22	22 34	11	15
16 33 27	10	1	23	24 10	12	16
16 37 43	11	2	25	25 47	14	17
16 42 0	12	3	26	27 26	15	18
16 46 17	13	4	27	29 6	17	19
16 50 35	14	5	28	0♓47	18	20
16 54 53	15	6	29	2 30	20	22
16 59 11	16	7	♒	4 13	21	23
17 3 30	17	8	2	5 58	23	24
17 7 50	18	9	3	7 45	24	25
17 12 9	19	10	4	9 32	26	26
17 16 29	20	11	5	11 20	27	27
17 20 49	21	12	7	13 9	29	28
17 25 10	22	13	8	14 59	♉	♊
17 29 31	23	14	9	16 50	2	1
17 33 52	24	15	10	18 42	3	2
17 38 13	25	16	12	20 34	4	3
17 42 34	26	17	13	22 26	6	4
17 46 55	27	18	14	24 19	7	5
17 51 17	28	19	16	26 13	9	6
17 55 38	29	20	17	28 6	10	7
18 0 0	30	22	19	0♈ 0	11	8

Sidereal Time	10 ♑	11 ♑	12 ♒	Ascen ♈	2 ♉	3 ♊
H. M. S.	°	°	°	° '	°	°
18 0 0	0	22	19	0 0	11	8
18 4 22	1	23	20	1 54	13	10
18 8 43	2	24	21	3 47	14	11
18 13 5	3	25	23	5 41	16	12
18 17 26	4	26	24	7 34	17	13
18 21 47	5	27	26	9 26	18	14
18 26 8	6	28	27	11 18	20	15
18 30 29	7	29	28	13 10	21	16
18 34 50	8	♒	♓	15 1	22	17
18 39 11	9	2	1	16 51	23	18
18 43 31	10	3	3	18 40	25	19
18 47 51	11	4	4	20 28	26	20
18 52 10	12	5	6	22 15	27	21
18 56 30	13	6	7	24 2	28	22
19 0 49	14	7	9	25 47	♊	23
19 5 7	15	8	10	27 30	1	24
19 9 25	16	10	12	29 13	2	25
19 13 43	17	11	13	0♉54	3	26
19 18 0	18	12	15	2 34	4	27
19 22 17	19	13	16	4 13	5	28
19 26 33	20	14	18	5 50	7	29
19 30 49	21	15	19	7 26	8	♋
19 35 4	22	17	21	9 1	9	1
19 39 19	23	18	23	10 34	10	2
19 43 33	24	19	24	12 6	11	3
19 47 46	25	20	26	13 37	12	4
19 51 59	26	21	27	15 6	13	5
19 56 11	27	23	29	16 34	14	6
20 0 22	28	24	♈	18 0	15	7
20 4 33	29	25	2	19 25	16	8
20 8 43	30	26	3	20 48	17	9

Sidereal Time	10 ♒	11 ♒	12 ♈	Ascen ♉	2 ♊	3 ♋
H. M. S.	°	°	°	° '	°	°
20 8 43	0	26	3	20 48	17	9
20 12 53	1	27	5	22 11	18	10
20 17 2	2	29	6	23 32	19	10
20 21 10	3	♓	8	24 52	20	11
20 25 17	4	1	9	26 10	21	12
20 29 24	5	2	11	27 28	22	13
20 33 30	6	3	12	28 44	23	14
20 37 35	7	5	14	29 59	24	15
20 41 40	8	6	15	1♊13	25	16
20 45 44	9	7	16	2 26	26	17
20 49 47	10	8	18	3 37	27	18
20 53 49	11	10	19	4 48	28	19
20 57 51	12	11	21	5 57	29	20
21 1 52	13	12	22	7 6	♋	21
21 5 52	14	13	24	8 13	1	21
21 9 51	15	14	25	9 20	2	22
21 13 50	16	16	26	10 26	3	23
21 17 48	17	17	28	11 30	4	24
21 21 45	18	18	29	12 34	5	25
21 25 42	19	19	♉	13 37	5	26
21 29 38	20	21	2	14 40	6	27
21 33 33	21	22	3	15 41	7	28
21 37 28	22	23	4	16 42	8	28
21 41 22	23	24	5	17 42	9	29
21 45 15	24	25	7	18 41	10	♌
21 49 8	25	27	8	19 39	11	1
21 53 0	26	28	9	20 37	11	2
21 56 51	27	29	10	21 34	12	3
22 0 42	28	♈	12	22 31	13	4
22 4 32	29	1	13	23 27	14	5
22 8 21	30	3	14	24 22	15	5

Sidereal Time	10 ♓	11 ♈	12 ♉	Ascen ♊	2 ♋	3 ♌
H. M. S.	°	°	°	° '	°	°
22 8 21	0	3	14	24 22	15	5
22 12 10	1	4	15	25 17	16	6
22 15 59	2	5	16	26 11	16	7
22 19 47	3	6	18	27 5	17	8
22 23 34	4	7	19	27 58	18	9
22 27 21	5	8	20	28 51	19	10
22 31 7	6	10	21	29 43	20	11
22 34 53	7	11	22	0♋35	21	11
22 38 39	8	12	23	1 26	21	12
22 42 24	9	13	24	2 17	22	13
22 46 8	10	14	25	3 7	23	14
22 49 52	11	15	27	3 57	24	15
22 53 36	12	17	28	4 47	25	16
22 57 19	13	18	29	5 36	25	17
23 1 2	14	19	♊	6 25	26	17
23 4 45	15	20	1	7 14	27	18
23 8 28	16	21	2	8 3	28	19
23 12 10	17	22	3	8 51	28	20
23 15 52	18	23	4	9 38	29	21
23 19 33	19	24	5	10 26	♌	22
23 23 15	20	26	6	11 13	1	23
23 26 56	21	27	7	12 0	2	23
23 30 37	22	28	8	12 47	2	24
23 34 17	23	29	9	13 33	3	25
23 37 58	24	♉	10	14 20	4	26
23 41 39	25	1	11	15 6	5	27
23 45 19	26	2	12	15 52	5	28
23 48 59	27	3	12	16 37	6	29
23 52 40	28	4	13	17 23	7	29
23 56 20	29	5	14	18 9	8	♍
24 0 0	30	6	15	18 54	8	1

PROPORTIONAL LOGARITHMS FOR FINDING THE PLANETS' PLACES

min	0	1	2	3	4	5	6	7	8	9	10	11	12	13	14	15	min
	degrees or hours																
0		1.3802	1.0792	9031	7782	6812	6021	5351	4771	4260	3802	3388	3010	2663	2341	2041	0
1	3.1584	1.3730	1.0756	9007	7763	6798	6009	5341	4762	4252	3795	3382	3004	2657	2336	2036	1
2	2.8573	1.3660	1.0720	8983	7745	6784	5997	5331	4753	4244	3788	3375	2998	2652	2331	2032	2
3	2.6812	1.3590	1.0685	8959	7728	6769	5985	5320	4744	4236	3780	3368	2992	2646	2325	2027	3
4	2.5563	1.3522	1.0649	8935	7710	6755	5973	5310	4735	4228	3773	3362	2986	2640	2320	2022	4
5	2.4594	1.3454	1.0615	8912	7692	6741	5961	5300	4726	4220	3766	3355	2980	2635	2315	2017	5
6	2.3802	1.3388	1.0580	8888	7674	6726	5949	5290	4717	4212	3759	3349	2974	2629	2310	2012	6
7	2.3133	1.3323	1.0546	8865	7657	6712	5937	5279	4708	4204	3752	3342	2968	2624	2305	2008	7
8	2.2553	1.3259	1.0512	8842	7639	6698	5925	5269	4699	4196	3745	3336	2962	2618	2300	2003	8
9	2.2041	1.3195	1.0478	8819	7622	6684	5913	5259	4691	4188	3737	3329	2956	2613	2295	1998	9
10	2.1584	1.3133	1.0444	8796	7604	6670	5902	5249	4682	4180	3730	3323	2950	2607	2289	1993	10
11	2.1170	1.3071	1.0411	8773	7587	6656	5890	5239	4673	4172	3723	3316	2944	2602	2284	1988	11
12	2.0792	1.3010	1.0378	8751	7570	6642	5878	5229	4664	4164	3716	3310	2939	2596	2279	1984	12
13	2.0444	1.2950	1.0345	8728	7552	6628	5867	5219	4655	4156	3709	3303	2933	2591	2274	1979	13
14	2.0122	1.2891	1.0313	8706	7535	6614	5855	5209	4646	4149	3702	3297	2927	2585	2269	1974	14
15	1.9823	1.2833	1.0280	8683	7518	6601	5843	5199	4638	4141	3695	3291	2921	2580	2264	1969	15
16	1.9542	1.2775	1.0248	8661	7501	6587	5832	5189	4629	4133	3688	3284	2915	2574	2259	1965	16
17	1.9279	1.2719	1.0216	8639	7484	6573	5820	5179	4620	4125	3681	3278	2909	2569	2254	1960	17
18	1.9031	1.2663	1.0185	8617	7467	6559	5809	5169	4611	4117	3674	3271	2903	2564	2249	1955	18
19	1.8796	1.2607	1.0153	8595	7451	6546	5797	5159	4603	4110	3667	3265	2897	2558	2244	1950	19
20	1.8573	1.2553	1.0122	8573	7434	6532	5786	5149	4594	4102	3660	3259	2891	2553	2239	1946	20
21	1.8361	1.2499	1.0091	8552	7417	6519	5774	5139	4585	4094	3653	3252	2885	2547	2234	1941	21
22	1.8159	1.2445	1.0061	8530	7401	6505	5763	5129	4577	4086	3646	3246	2880	2542	2229	1936	22
23	1.7966	1.2393	1.0030	8509	7384	6492	5752	5120	4568	4079	3639	3239	2874	2536	2224	1932	23
24	1.7782	1.2341	1.0000	8487	7368	6478	5740	5110	4559	4071	3632	3233	2868	2531	2218	1927	24
25	1.7604	1.2289	0.9970	8466	7351	6465	5729	5100	4551	4063	3625	3227	2862	2526	2213	1922	25
26	1.7434	1.2239	0.9940	8445	7335	6451	5718	5090	4542	4055	3618	3220	2856	2520	2208	1918	26
27	1.7270	1.2188	0.9910	8424	7319	6438	5707	5081	4534	4048	3611	3214	2850	2515	2203	1913	27
28	1.7112	1.2139	0.9881	8403	7302	6425	5695	5071	4525	4040	3604	3208	2845	2510	2198	1908	28
29	1.6960	1.2090	0.9852	8382	7286	6412	5684	5061	4516	4033	3597	3201	2839	2504	2193	1903	29
30	1.6812	1.2041	0.9823	8361	7270	6398	5673	5051	4508	4025	3590	3195	2833	2499	2188	1899	30
31	1.6670	1.1993	0.9794	8341	7254	6385	5662	5042	4499	4017	3583	3189	2827	2493	2183	1894	31
32	1.6532	1.1946	0.9765	8320	7238	6372	5651	5032	4491	4010	3576	3183	2821	2488	2178	1889	32
33	1.6398	1.1899	0.9737	8300	7222	6359	5640	5023	4482	4002	3570	3176	2816	2483	2173	1885	33
34	1.6269	1.1852	0.9708	8279	7206	6346	5629	5013	4474	3995	3563	3170	2810	2477	2169	1880	34
35	1.6143	1.1806	0.9680	8259	7190	6333	5618	5004	4466	3987	3556	3164	2804	2472	2164	1876	35
36	1.6021	1.1761	0.9652	8239	7175	6320	5607	4994	4457	3979	3549	3158	2798	2467	2159	1871	36
37	1.5902	1.1716	0.9625	8219	7159	6307	5596	4984	4449	3972	3542	3151	2793	2461	2154	1866	37
38	1.5786	1.1671	0.9597	8199	7143	6294	5585	4975	4440	3964	3535	3145	2787	2456	2149	1862	38
39	1.5673	1.1627	0.9570	8179	7128	6282	5574	4965	4432	3957	3529	3139	2781	2451	2144	1857	39
40	1.5563	1.1584	0.9542	8159	7112	6269	5563	4956	4424	3949	3522	3133	2775	2445	2139	1852	40
41	1.5456	1.1540	0.9515	8140	7097	6256	5552	4947	4415	3942	3515	3126	2770	2440	2134	1848	41
42	1.5351	1.1498	0.9488	8120	7081	6243	5541	4937	4407	3934	3508	3120	2764	2435	2129	1843	42
43	1.5249	1.1455	0.9462	8101	7066	6231	5531	4928	4399	3927	3502	3114	2758	2430	2124	1839	43
44	1.5149	1.1413	0.9435	8081	7050	6218	5520	4918	4390	3919	3495	3108	2753	2424	2119	1834	44
45	1.5051	1.1372	0.9409	8062	7035	6205	5509	4909	4382	3912	3488	3102	2747	2419	2114	1829	45
46	1.4956	1.1331	0.9383	8043	7020	6193	5498	4900	4374	3905	3481	3096	2741	2414	2109	1825	46
47	1.4863	1.1290	0.9356	8023	7005	6180	5488	4890	4366	3897	3475	3089	2736	2409	2104	1820	47
48	1.4771	1.1249	0.9331	8004	6990	6168	5477	4881	4357	3890	3468	3083	2730	2403	2099	1816	48
49	1.4682	1.1209	0.9305	7985	6975	6155	5466	4872	4349	3882	3461	3077	2724	2398	2095	1811	49
50	1.4594	1.1170	0.9279	7966	6960	6143	5456	4863	4341	3875	3454	3071	2719	2393	2090	1806	50
51	1.4508	1.1130	0.9254	7948	6945	6131	5445	4853	4333	3868	3448	3065	2713	2388	2085	1802	51
52	1.4424	1.1091	0.9228	7929	6930	6118	5435	4844	4325	3860	3441	3059	2707	2382	2080	1797	52
53	1.4341	1.1053	0.9203	7910	6915	6106	5424	4835	4316	3853	3434	3053	2702	2377	2075	1793	53
54	1.4260	1.1015	0.9178	7891	6900	6094	5414	4826	4308	3846	3428	3047	2696	2372	2070	1788	54
55	1.4180	1.0977	0.9153	7873	6885	6081	5403	4817	4300	3838	3421	3041	2691	2367	2065	1784	55
56	1.4102	1.0939	0.9128	7855	6871	6069	5393	4808	4292	3831	3415	3034	2685	2362	2061	1779	56
57	1.4025	1.0902	0.9104	7836	6856	6057	5382	4798	4284	3824	3408	3028	2679	2356	2056	1775	57
58	1.3949	1.0865	0.9079	7818	6841	6045	5372	4789	4276	3817	3401	3022	2674	2351	2051	1770	58
59	1.3875	1.0828	0.9055	7800	6827	6033	5361	4780	4268	3809	3395	3016	2668	2346	2046	1765	59
	0	1	2	3	4	5	6	7	8	9	10	11	12	13	14	15	

RULE: Add proportional log of planet's daily motion to log of time from noon, and the sum will be the log of the motion required. Add this to planet's place at noon, if time is p.m., but subtract if a.m., and the sum will be planet's true position. If Retrograde, subtract for p.m., but add for a.m.

What is the long. of Moon 3 October 2022 6:30pm?
Moon's daily motion = 14°14'54"
Prop Log of 14°14'54" 0.2264
Prop Log of 6h 30m 0.5673
Moon's motion in 6h 30m = 3°52' or log 0.7937
Moon's long. = 16°♑44' + 3°52'= 21°♑36'

See pages 26-28 for daily motions